AF279024

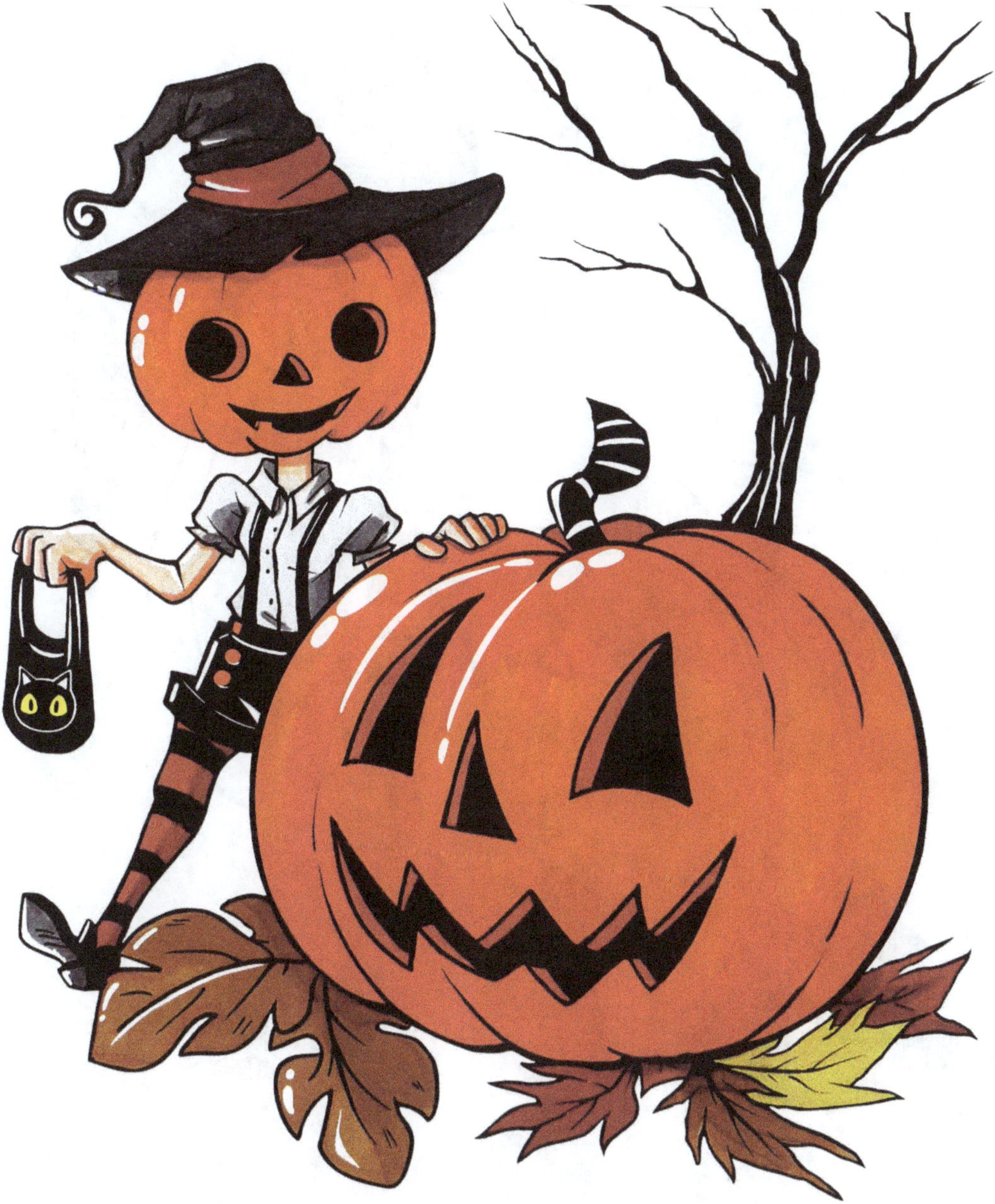

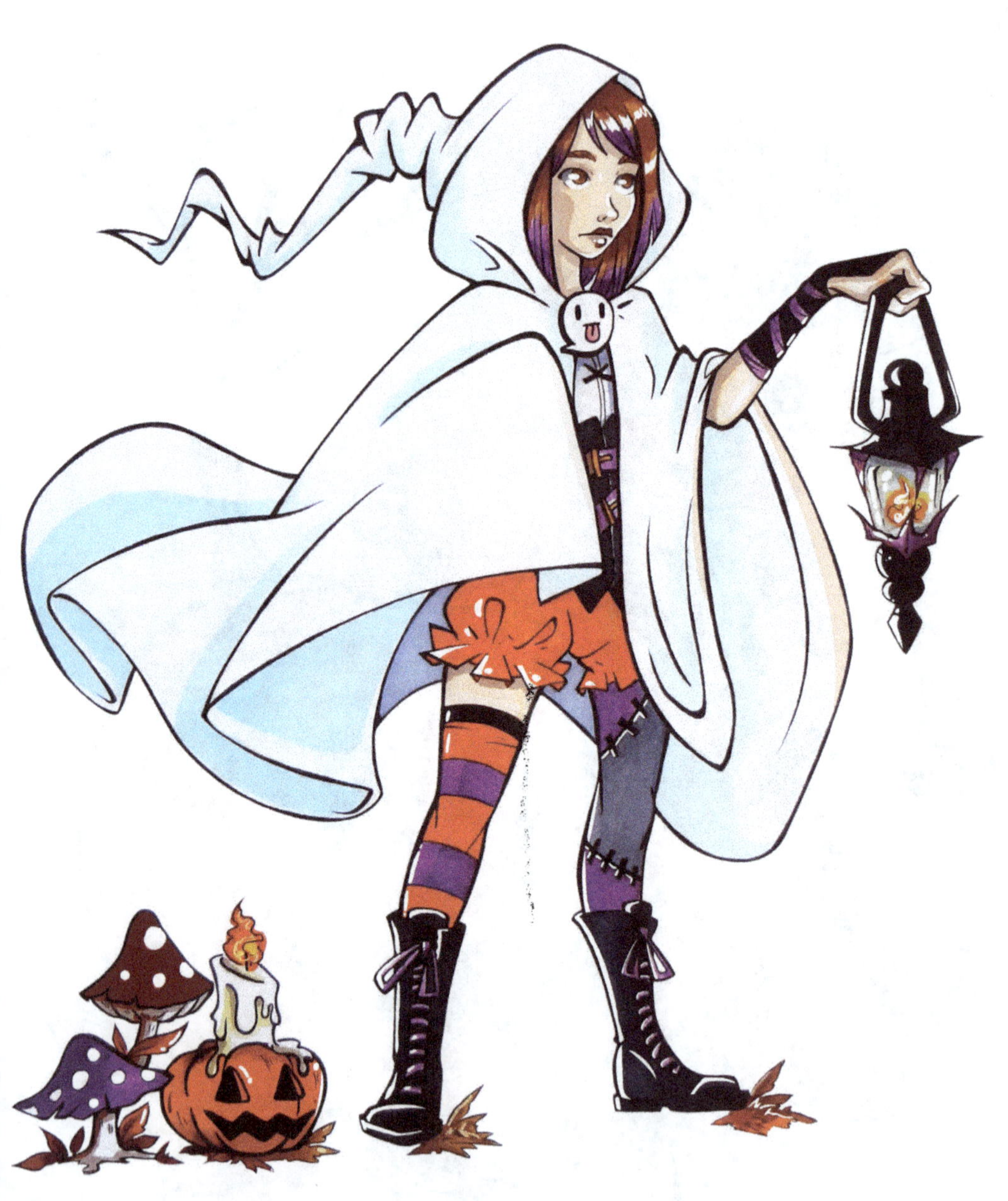

The Lanterner

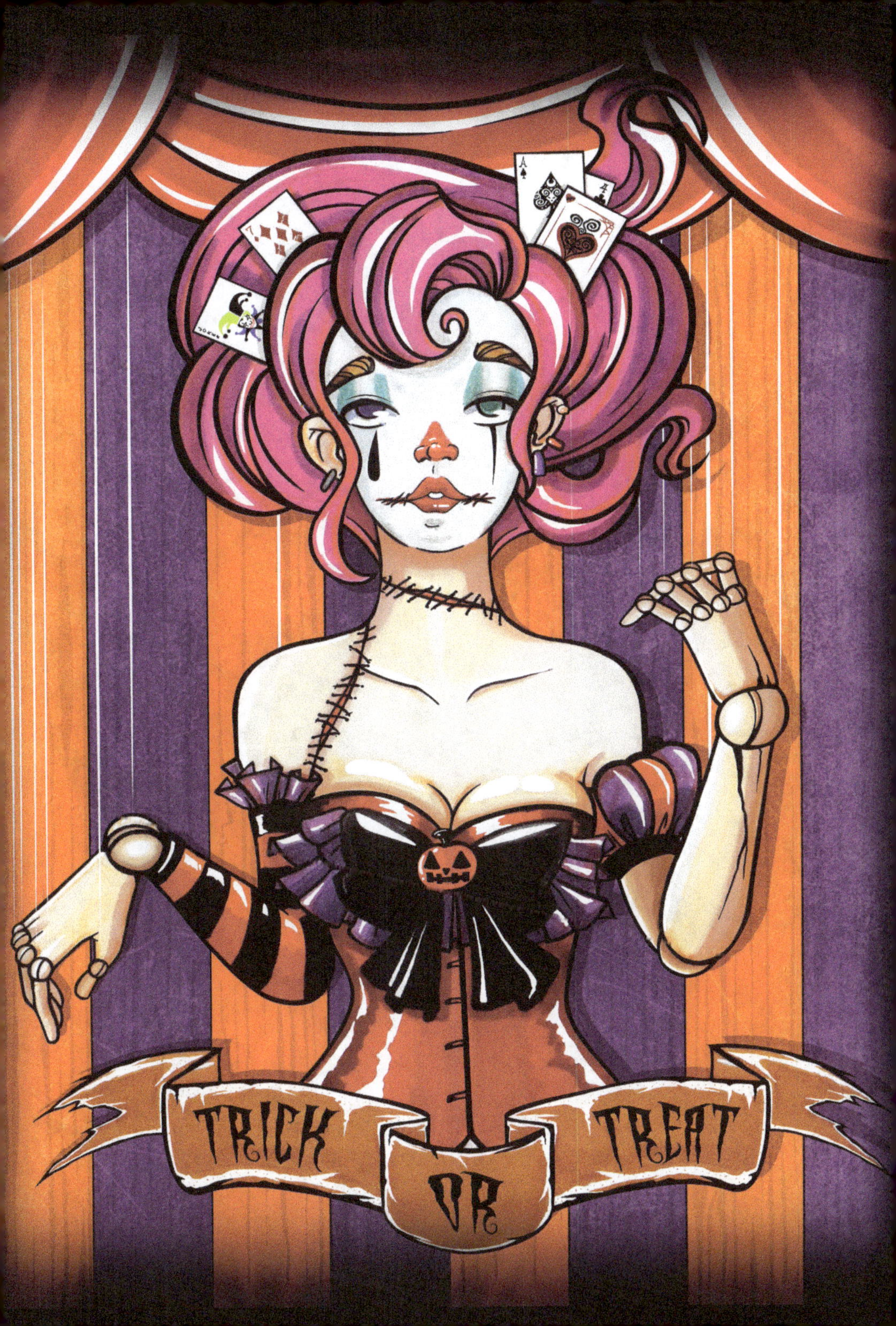

TRICK
OR
TREAT

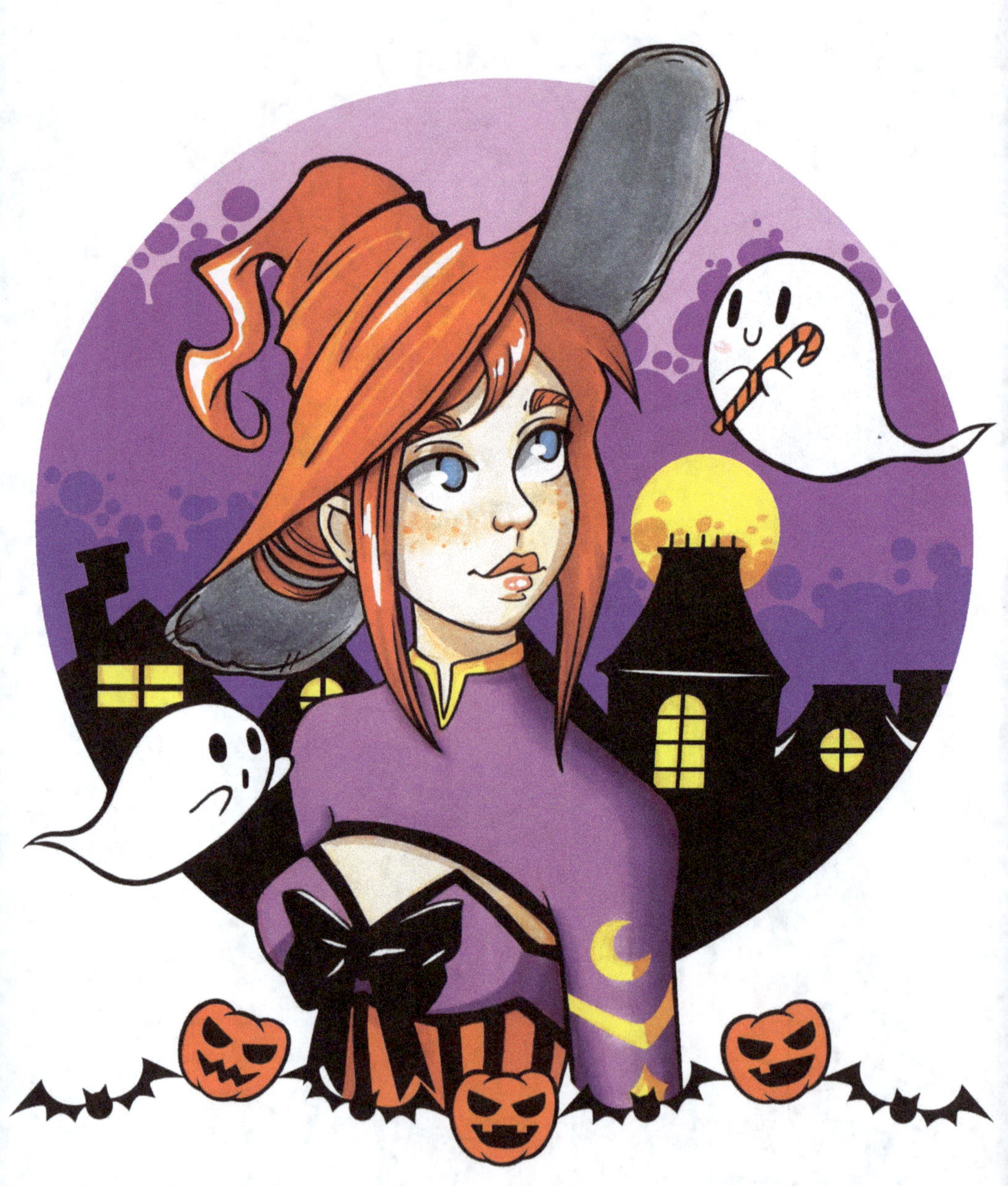

MAGA CENTURIÓN

HALLOWEEN
calabazas y otros dulces

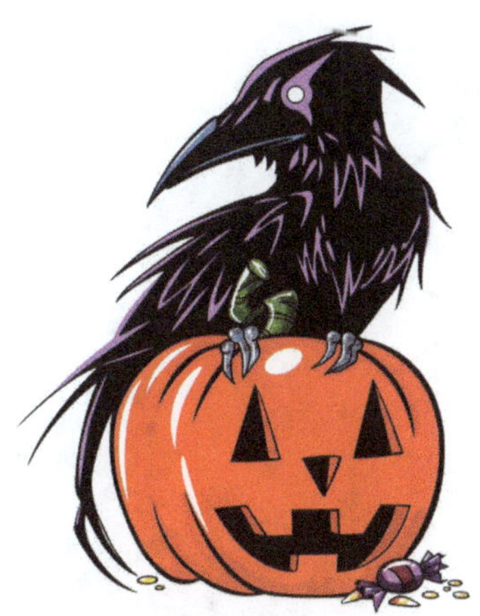

Well I live with snakes and lizards
    and other things that go bump in the night
And to me everyday is Halloween
    I have given up hiding and started to fight

Ministry

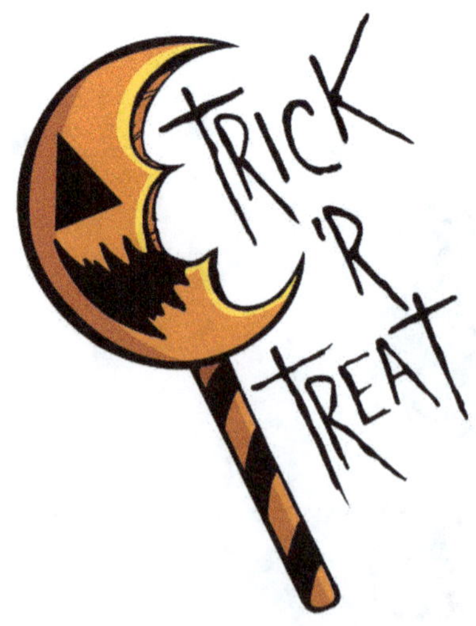

Publicado en Miami, FL - USA | First Edition

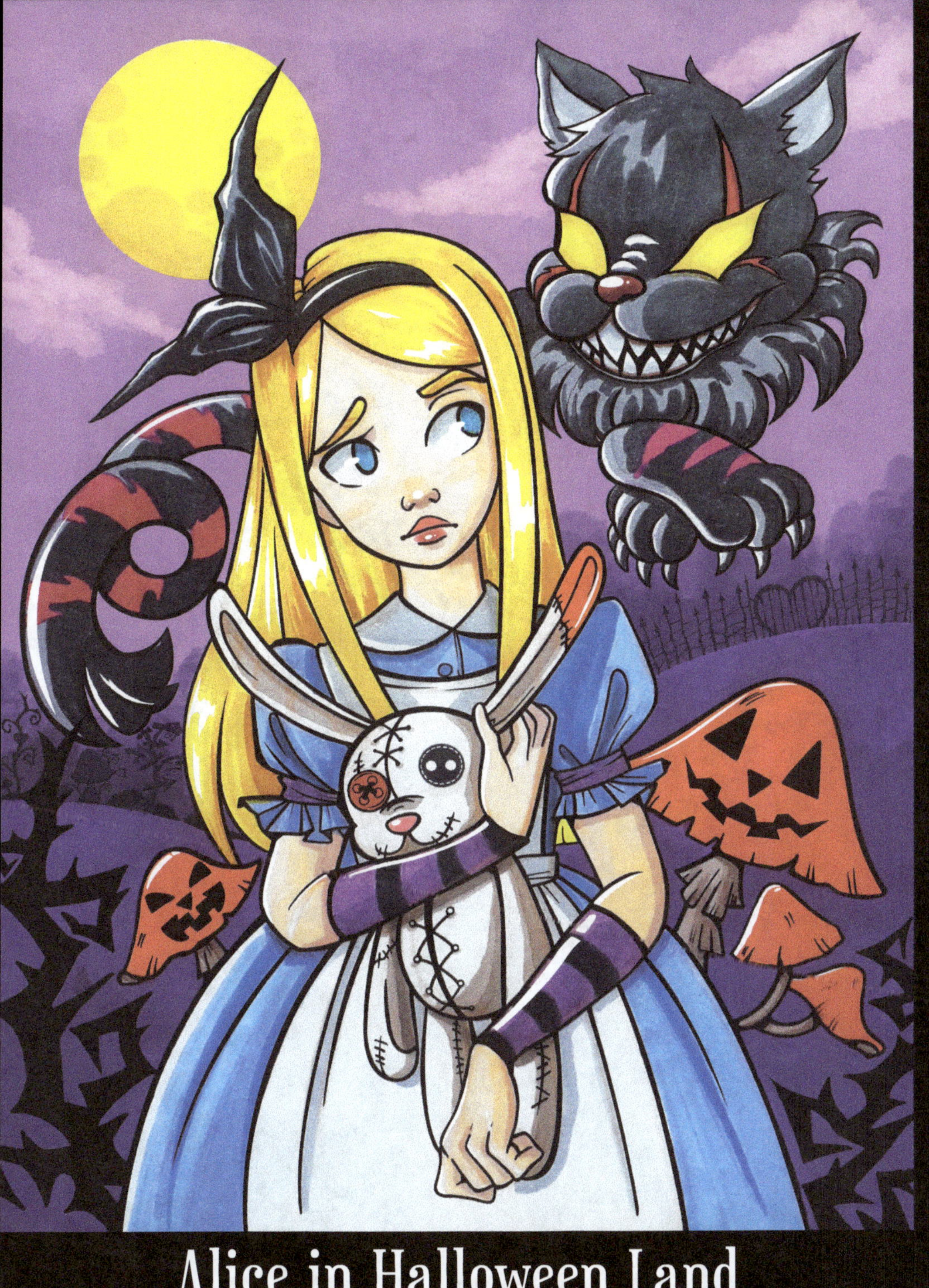

Alice in Halloween Land

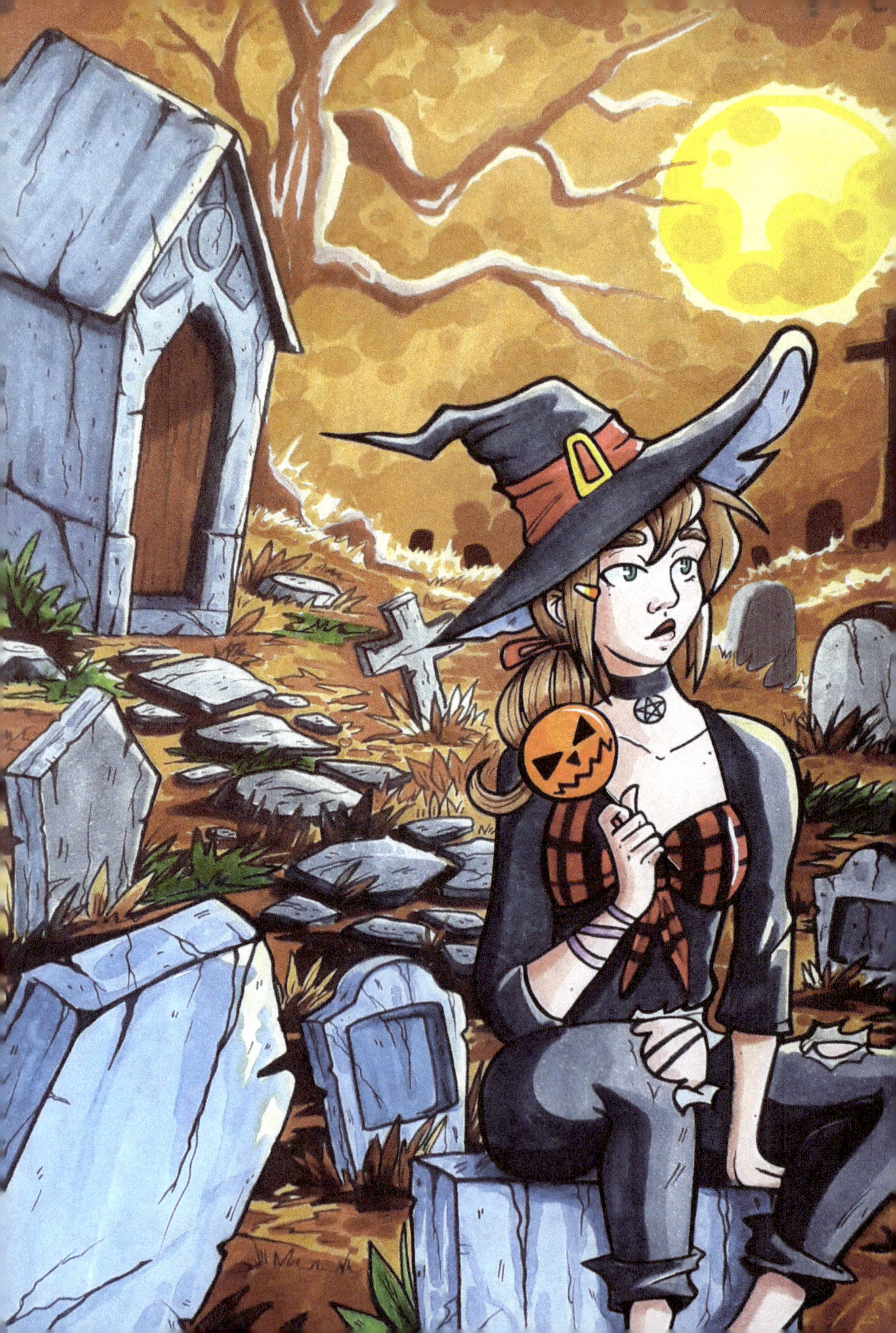

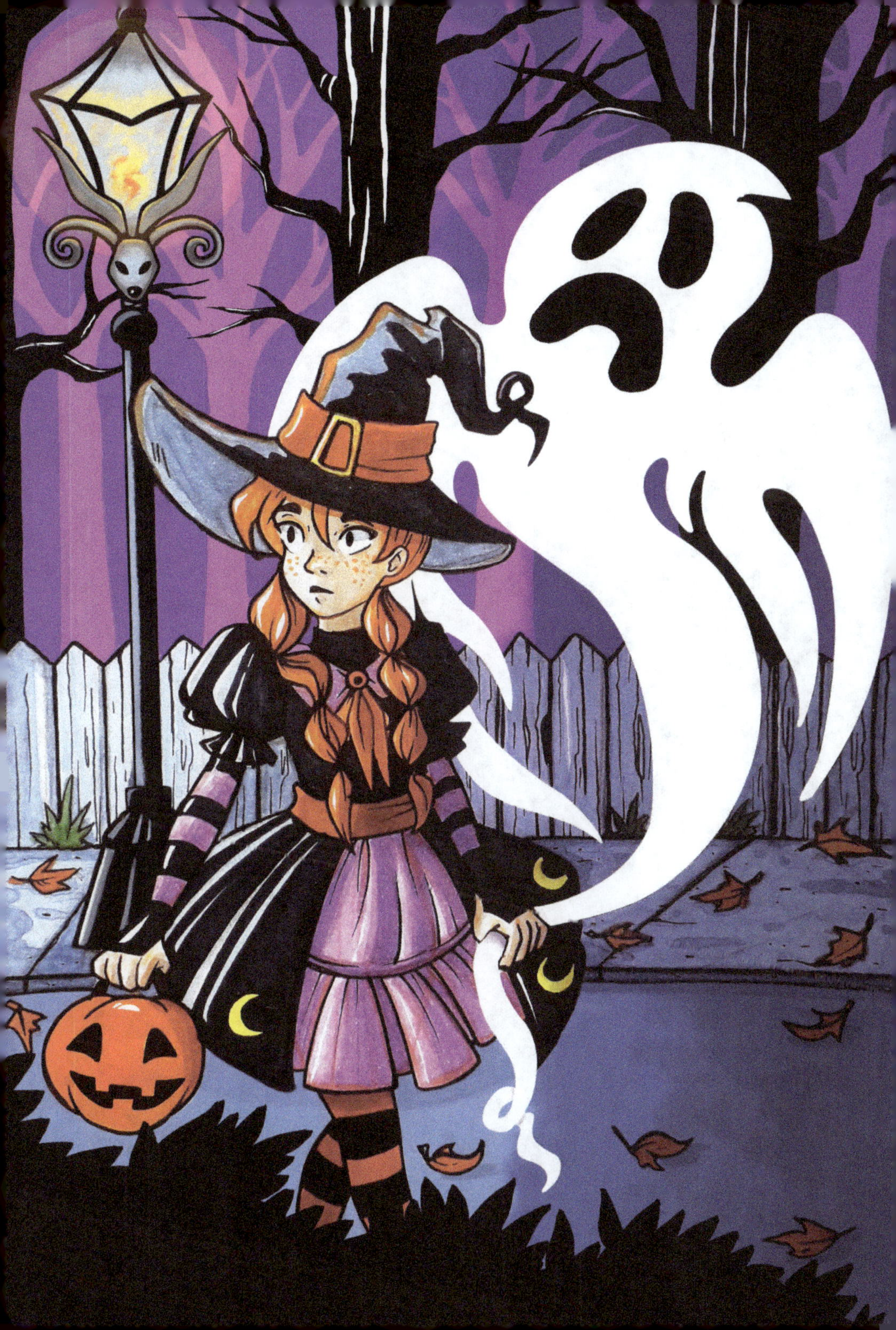

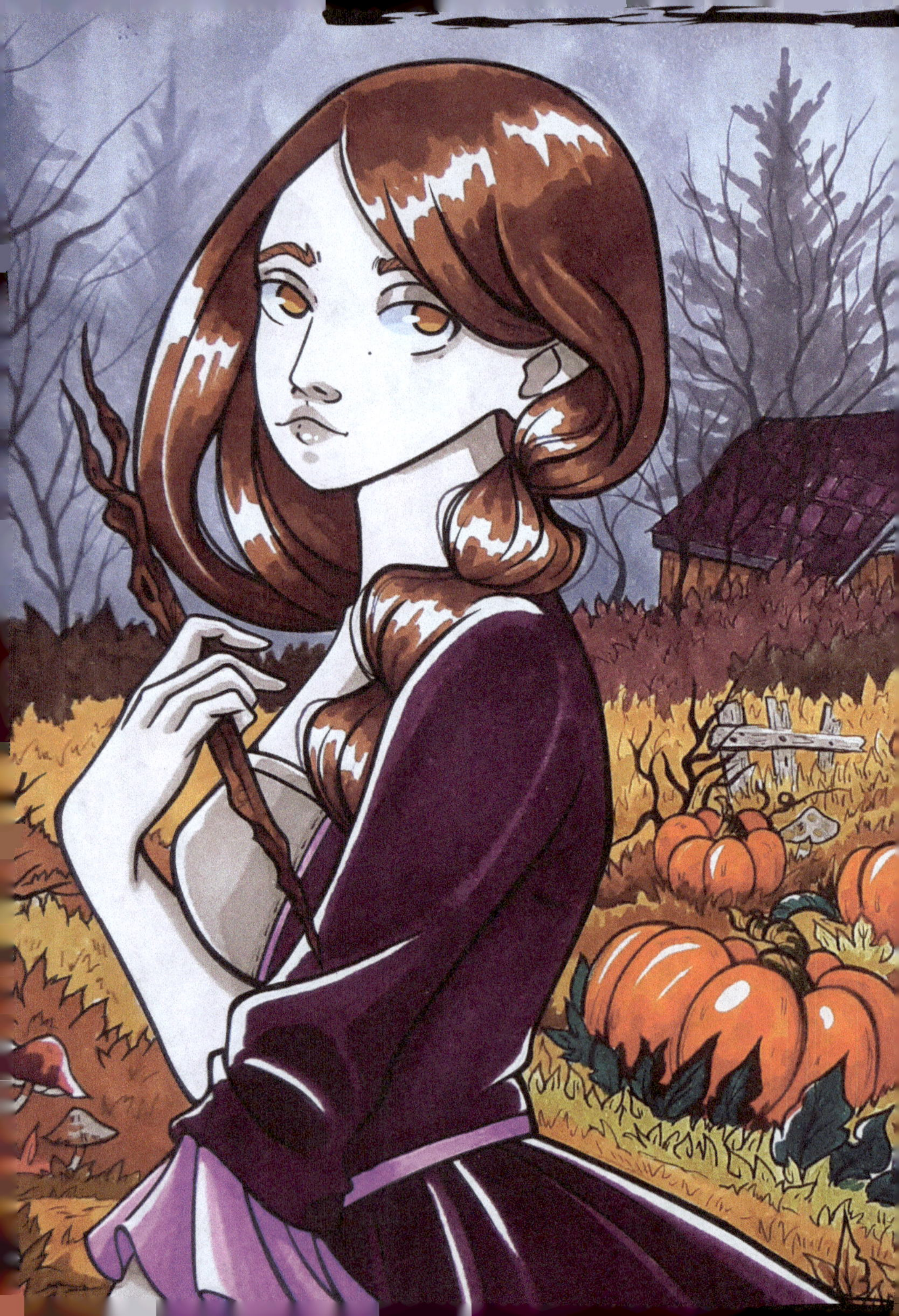

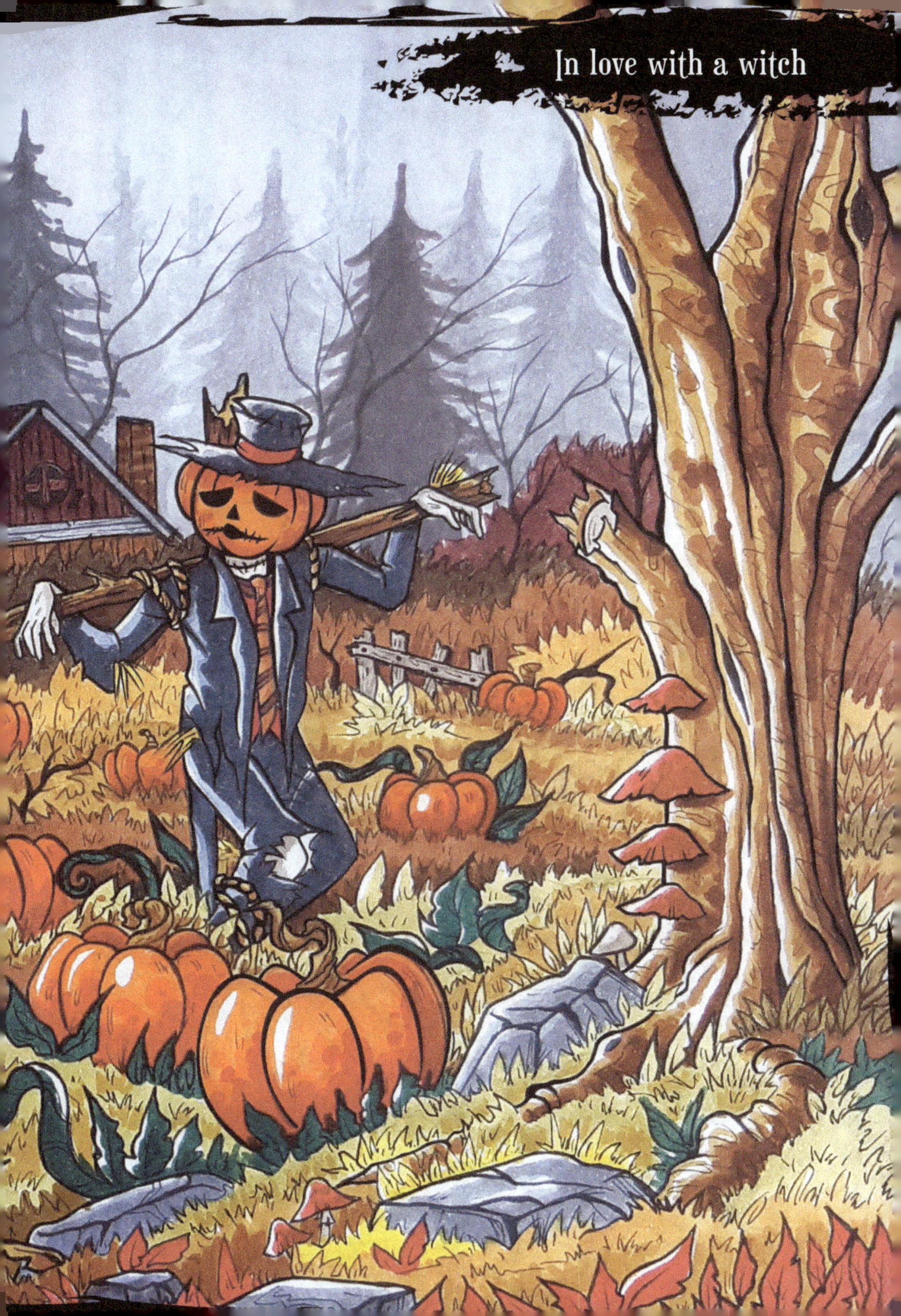

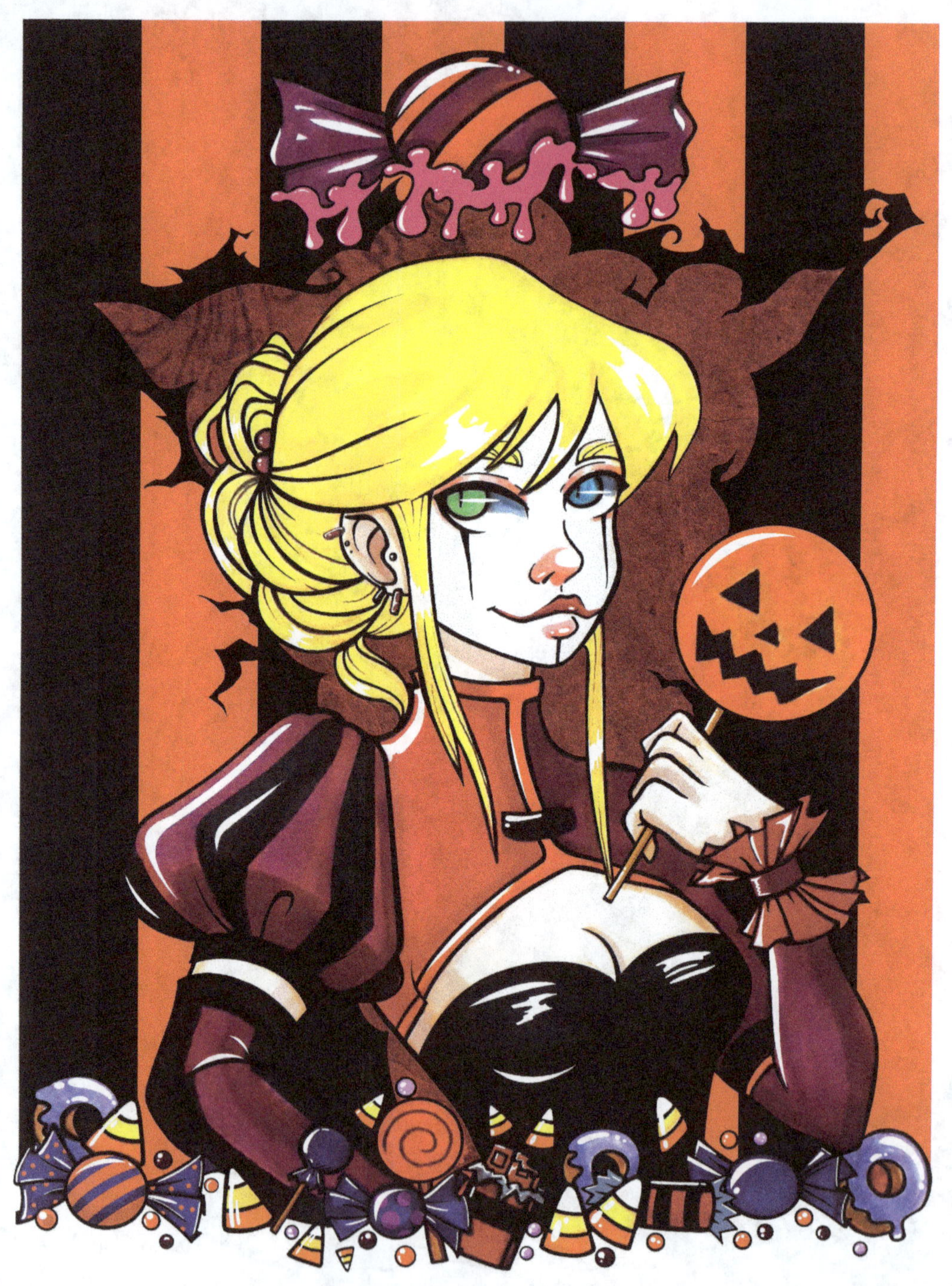

Sugar Covered Poison

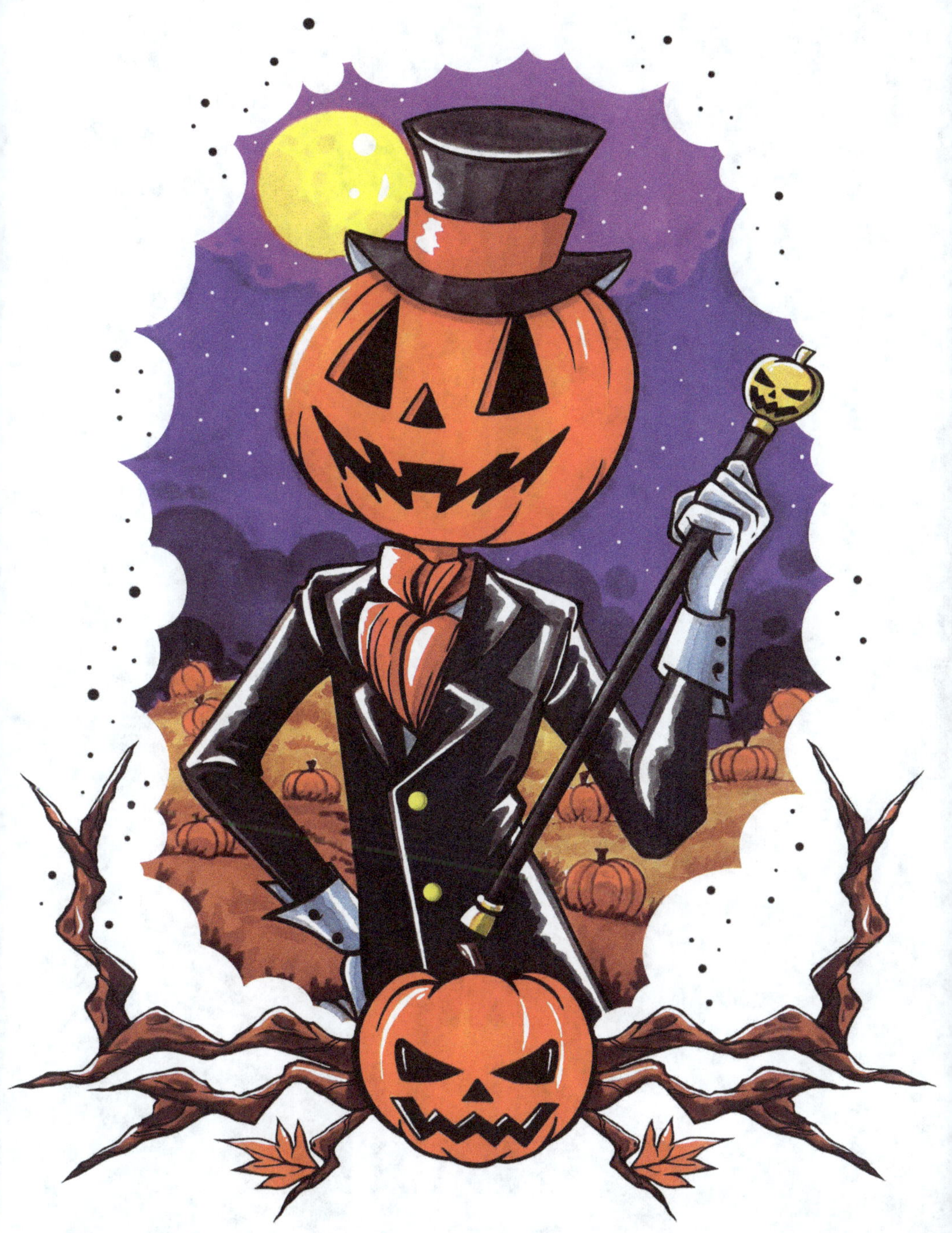

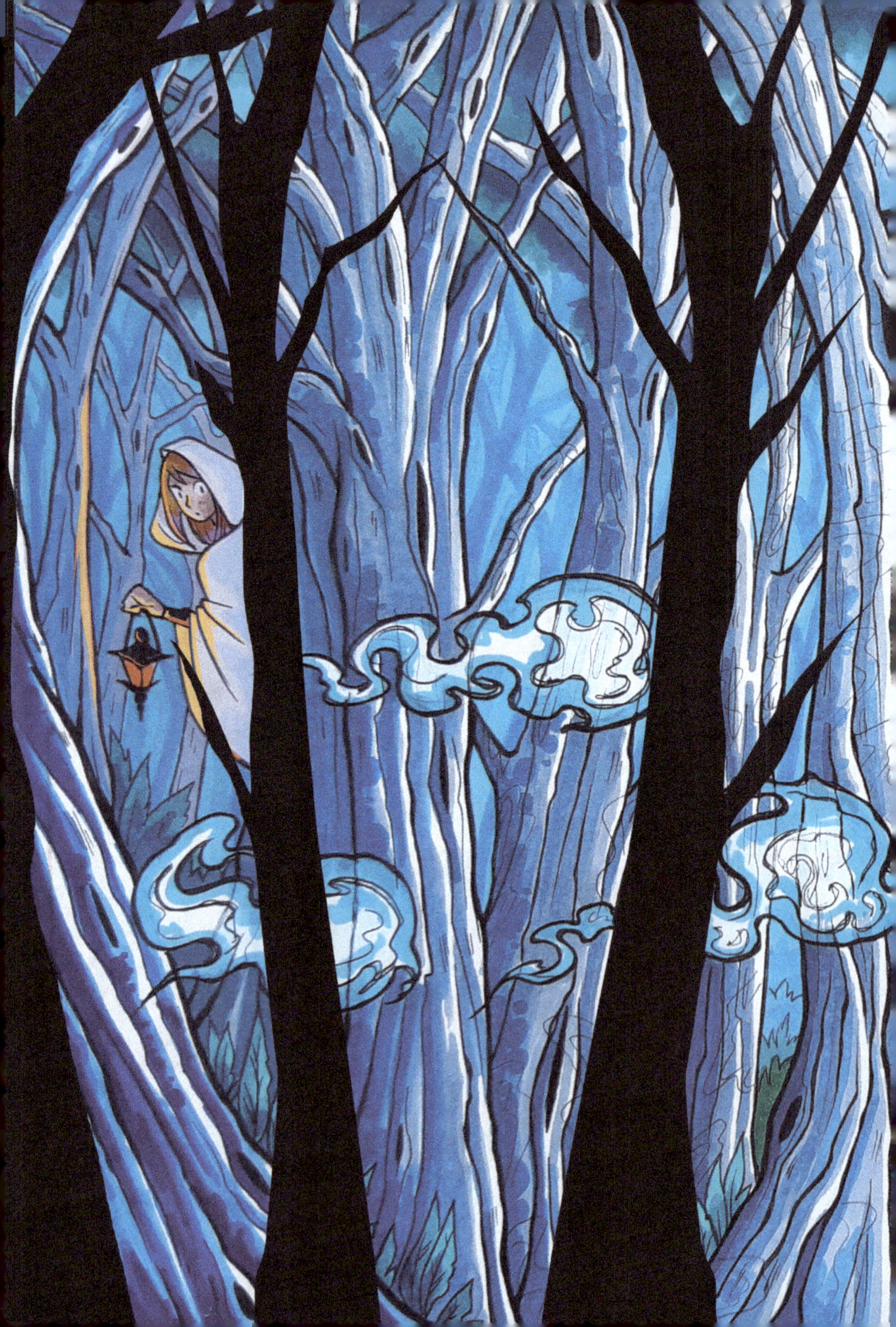

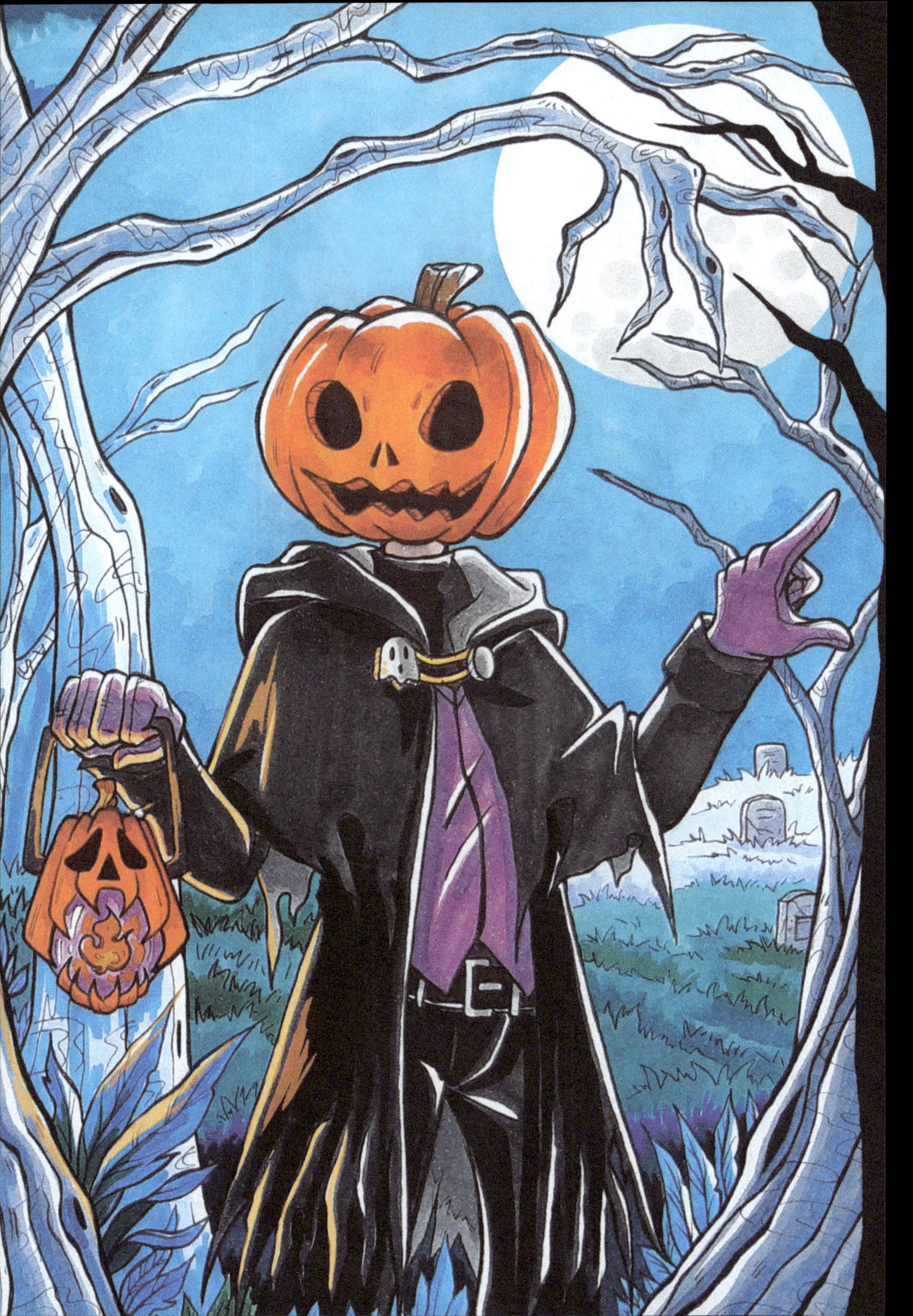

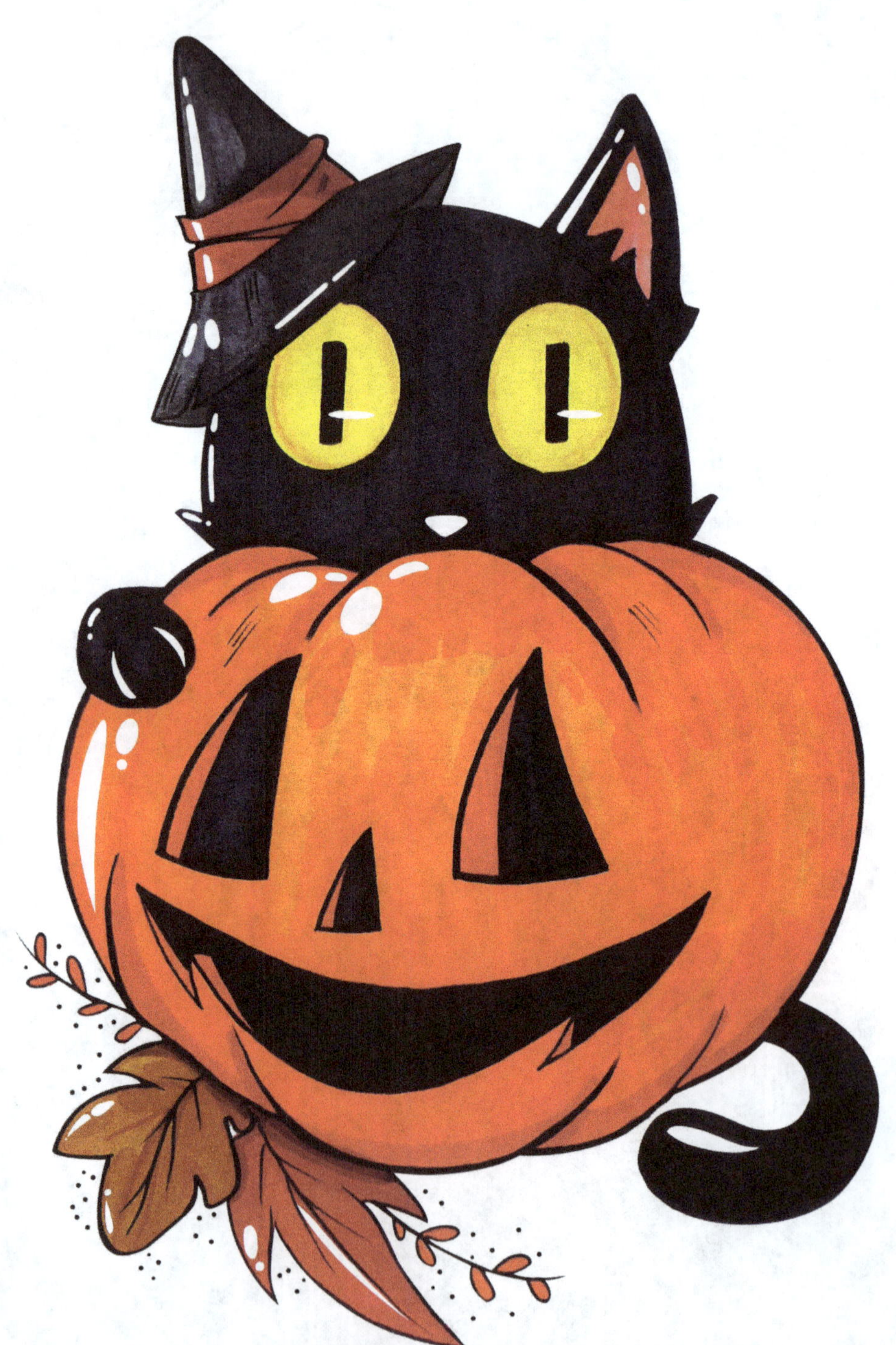

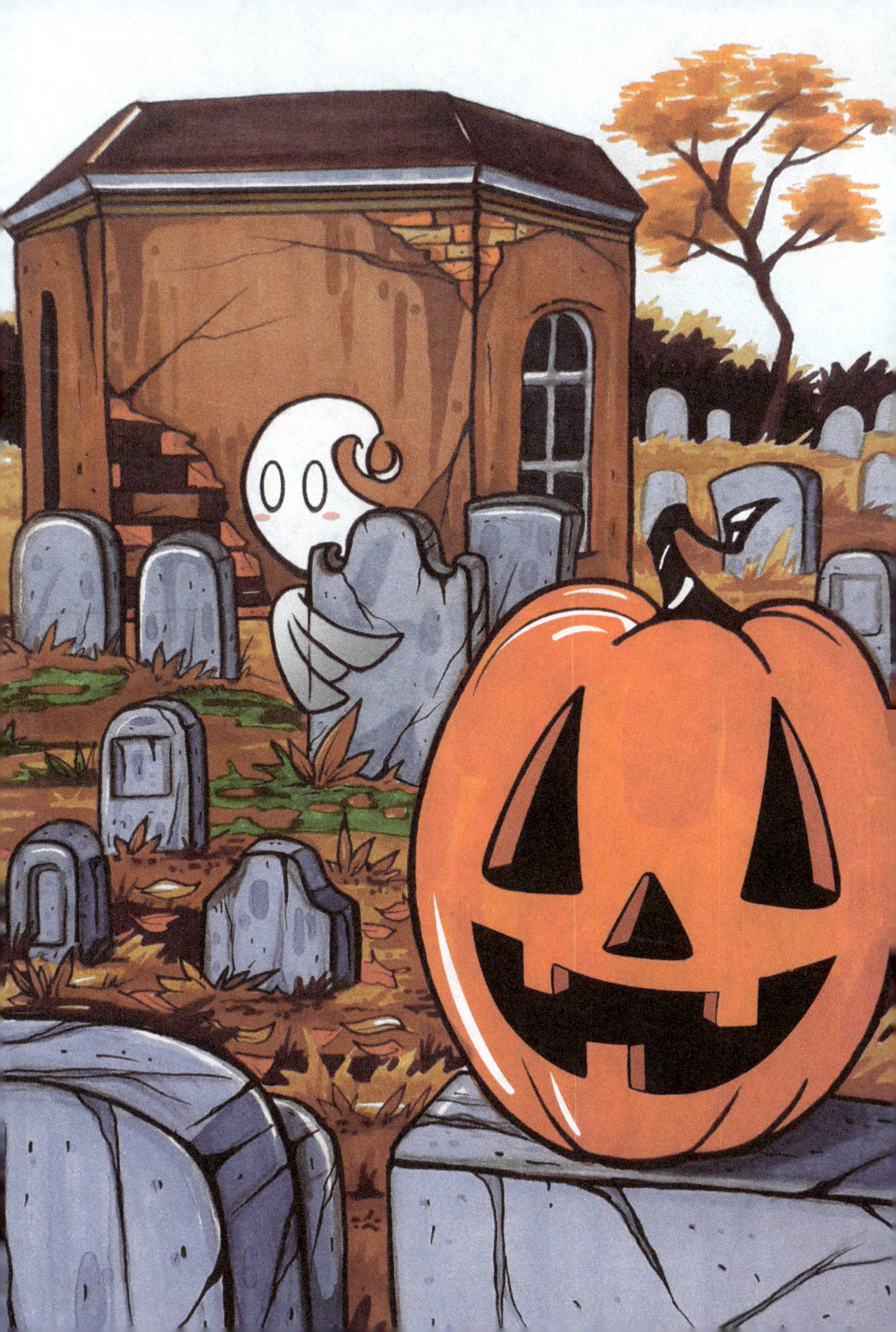

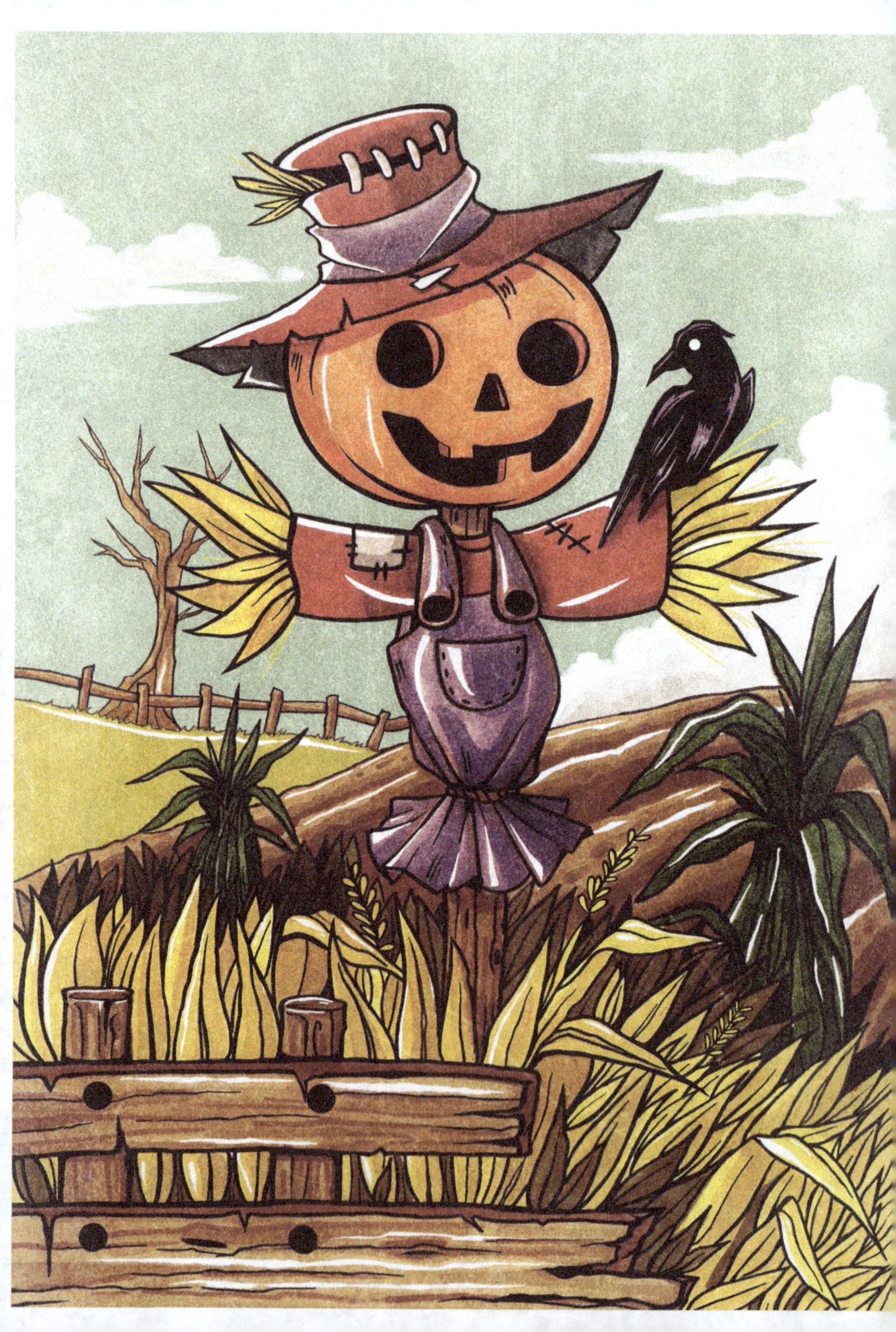

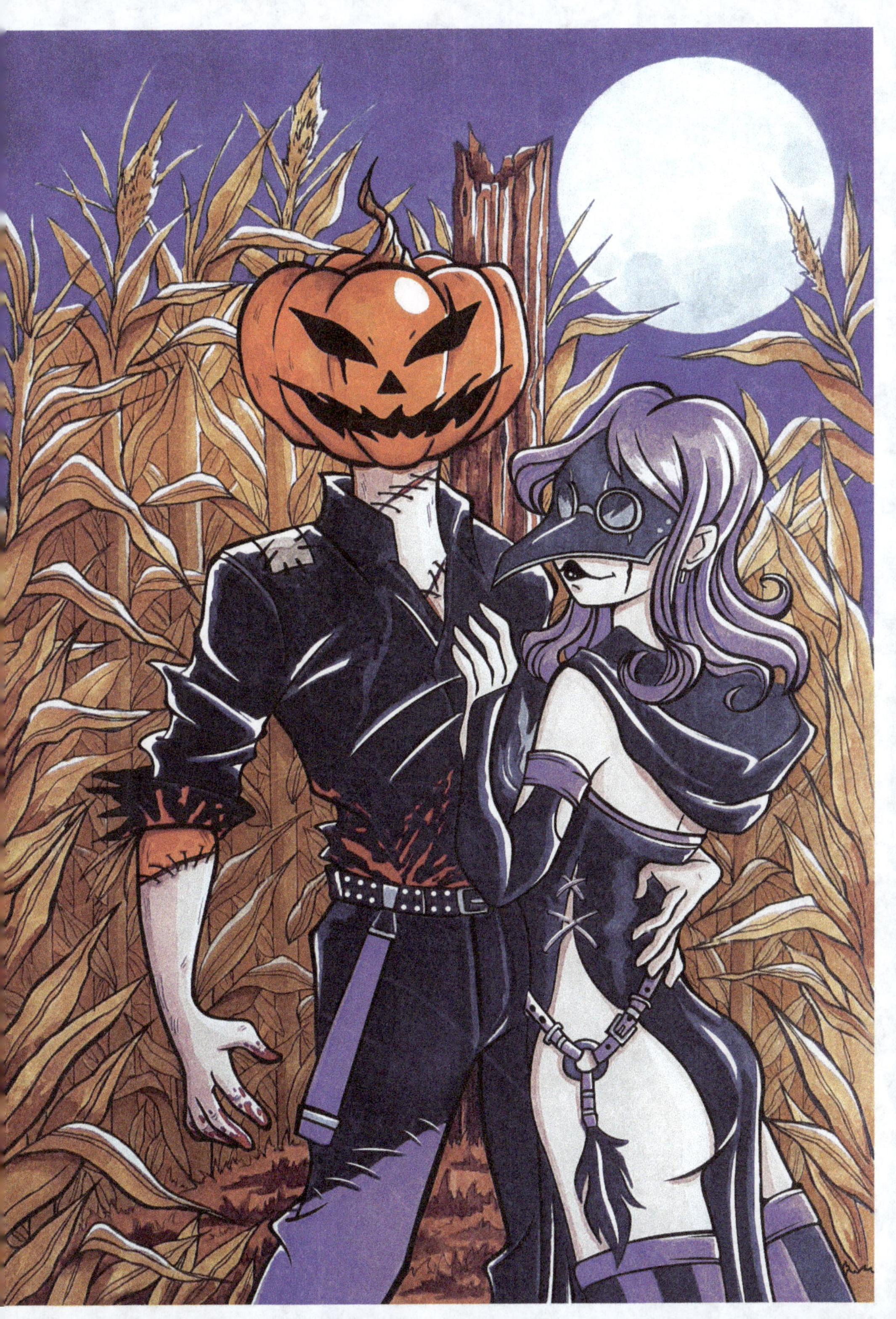

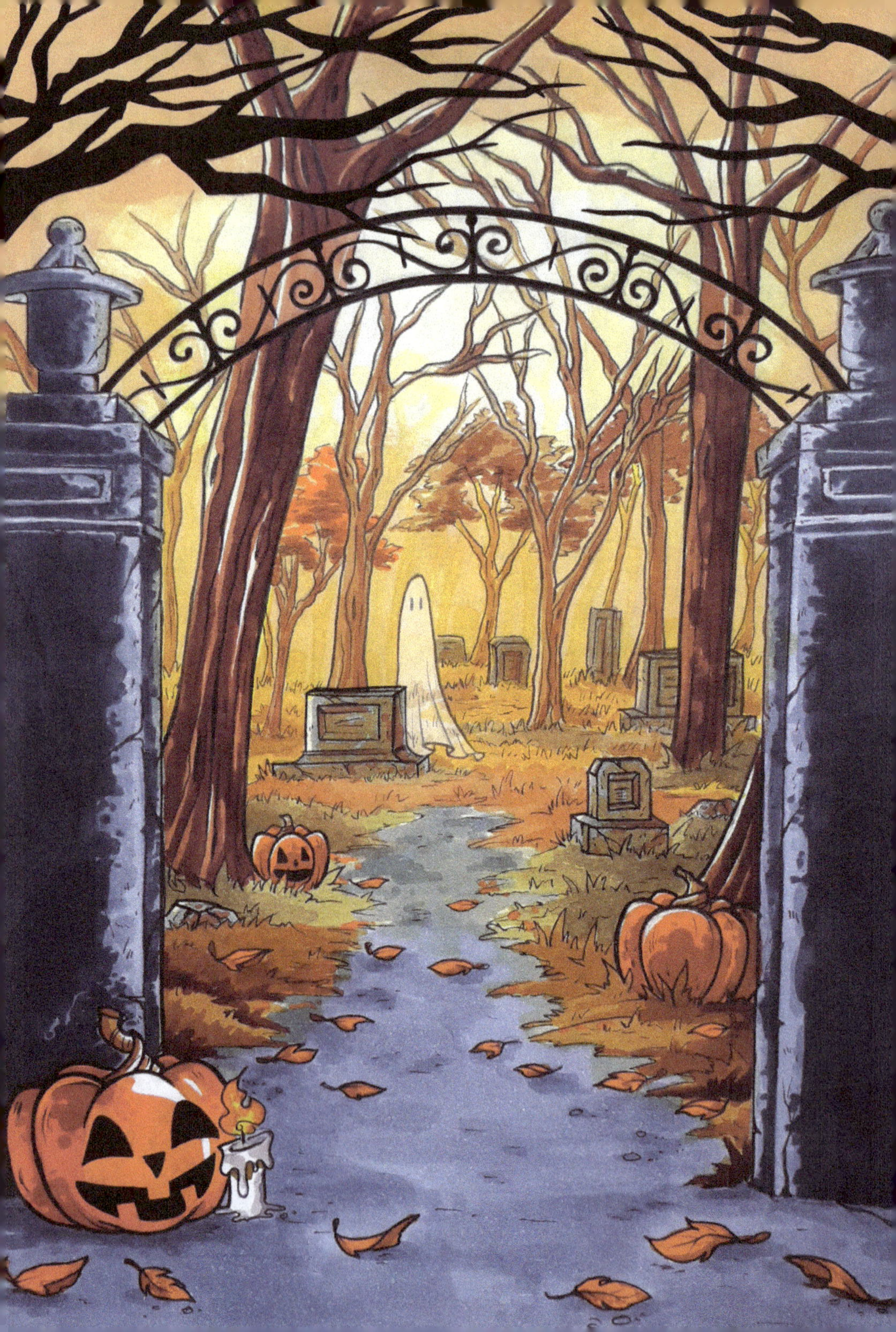

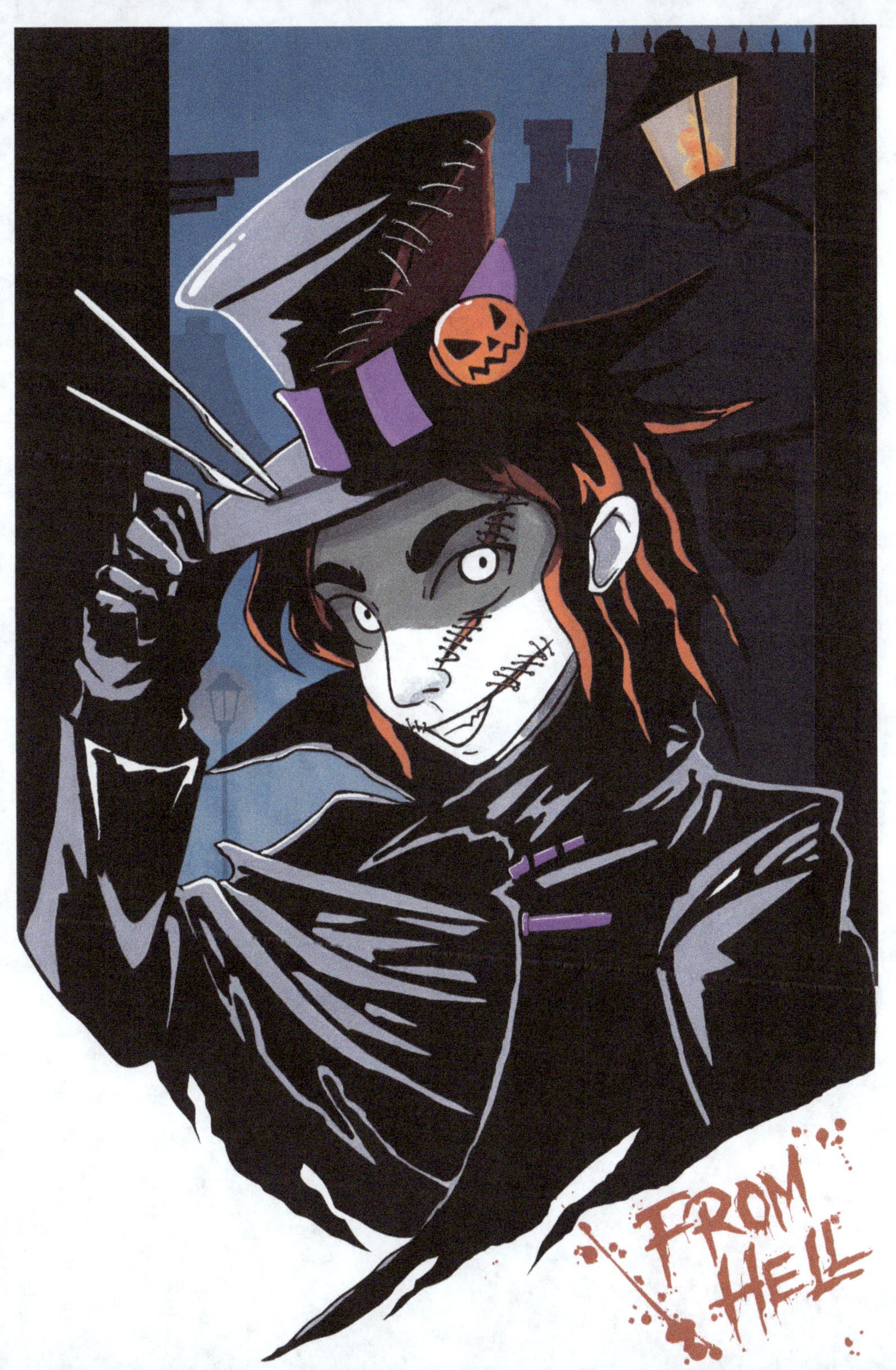
FROM HELL

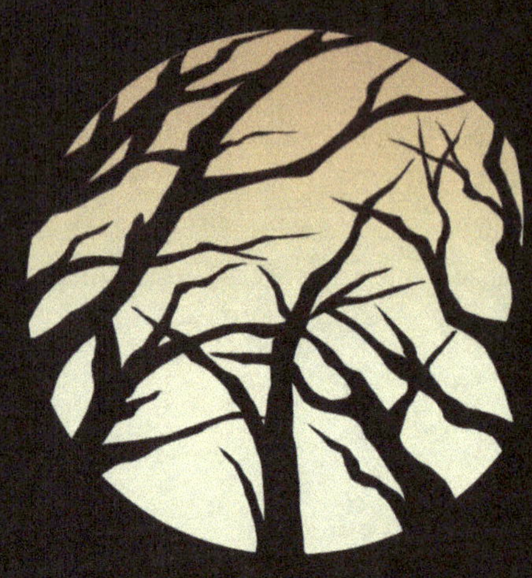

"Oh how the gentle wind
Beckons through the leaves
As autumn colors fall

Dancing in a swirl
Of golden memories
The loveliest lies of all"

Into the unknown

Pequeño tributo a
Over the Garden Wall

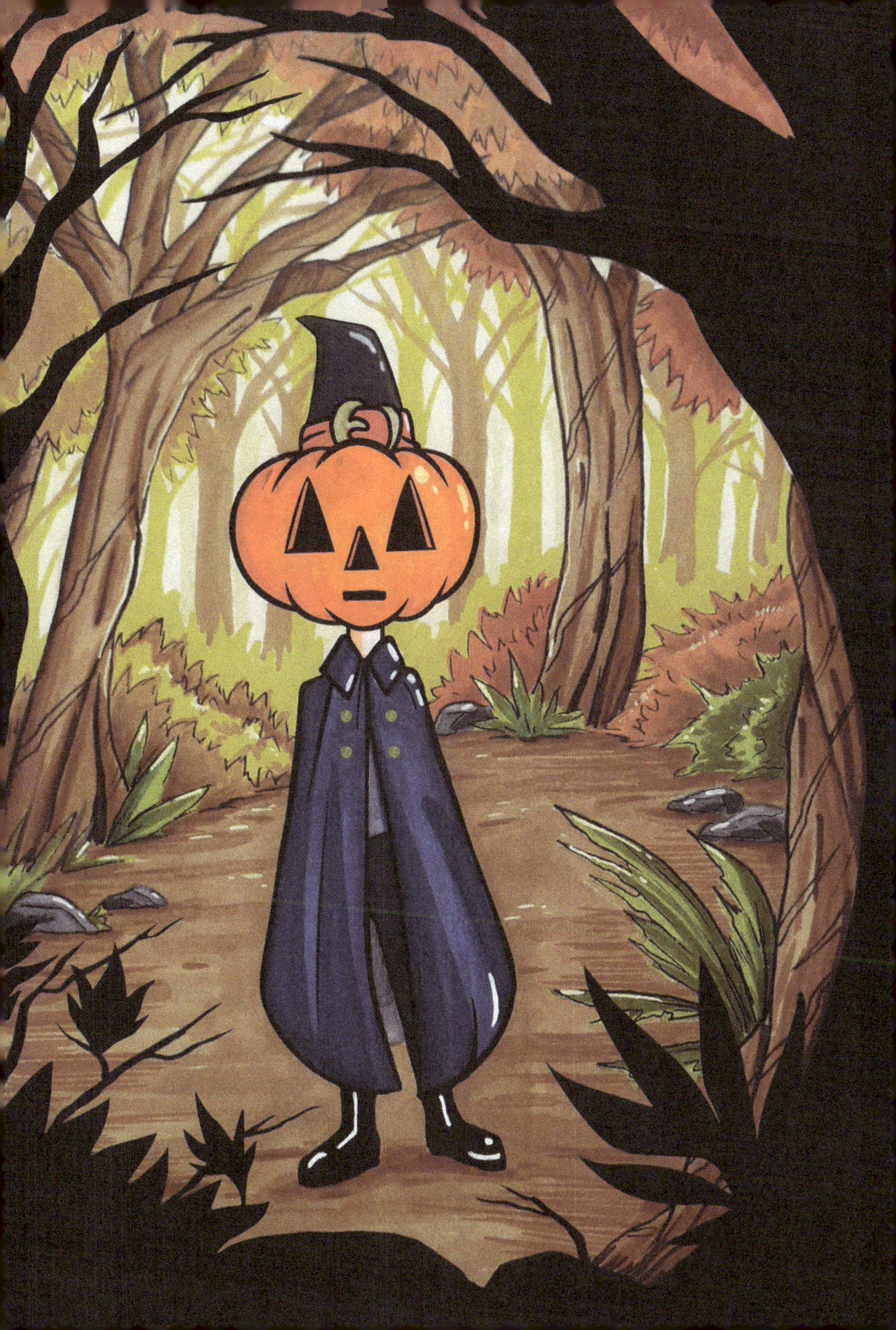

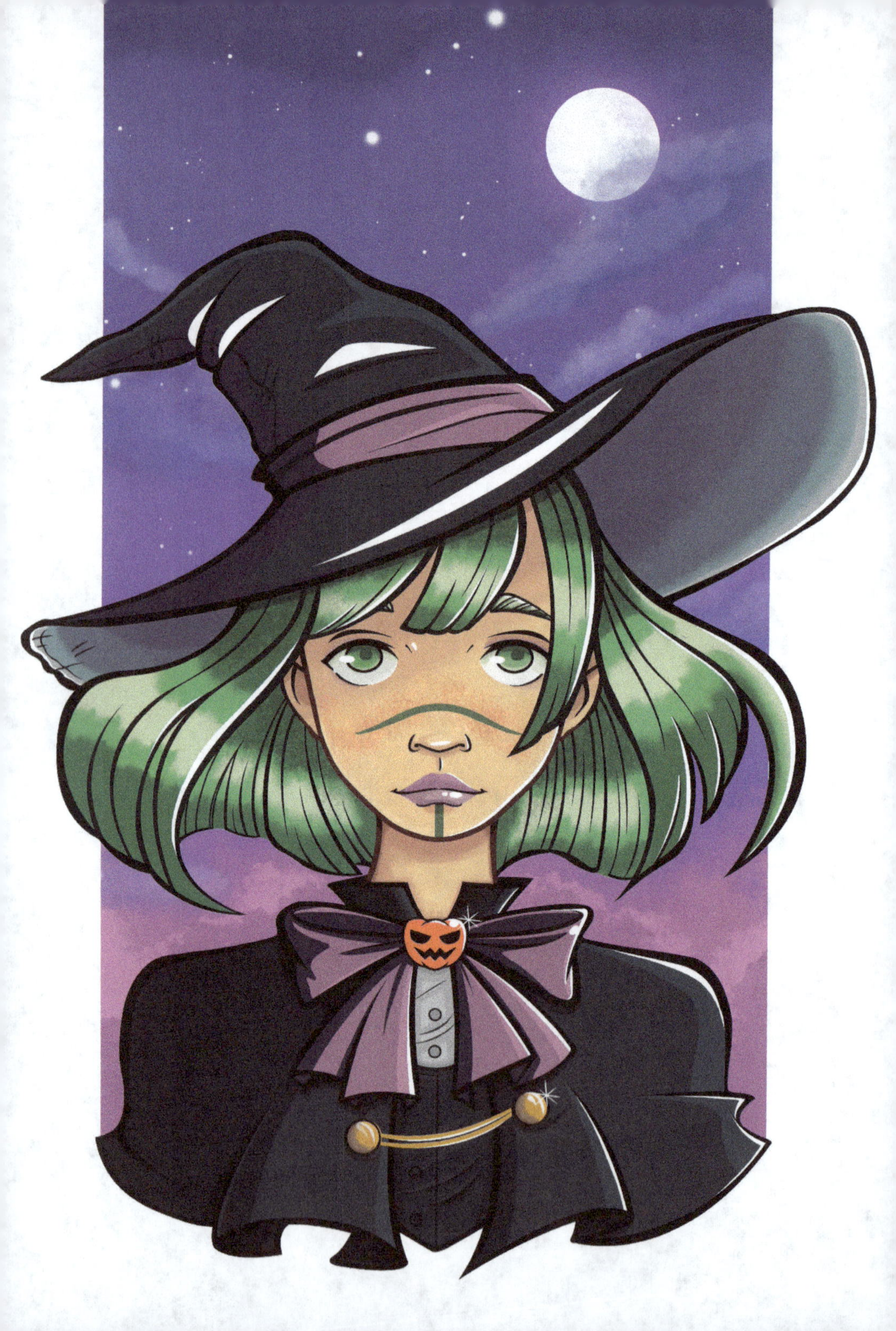

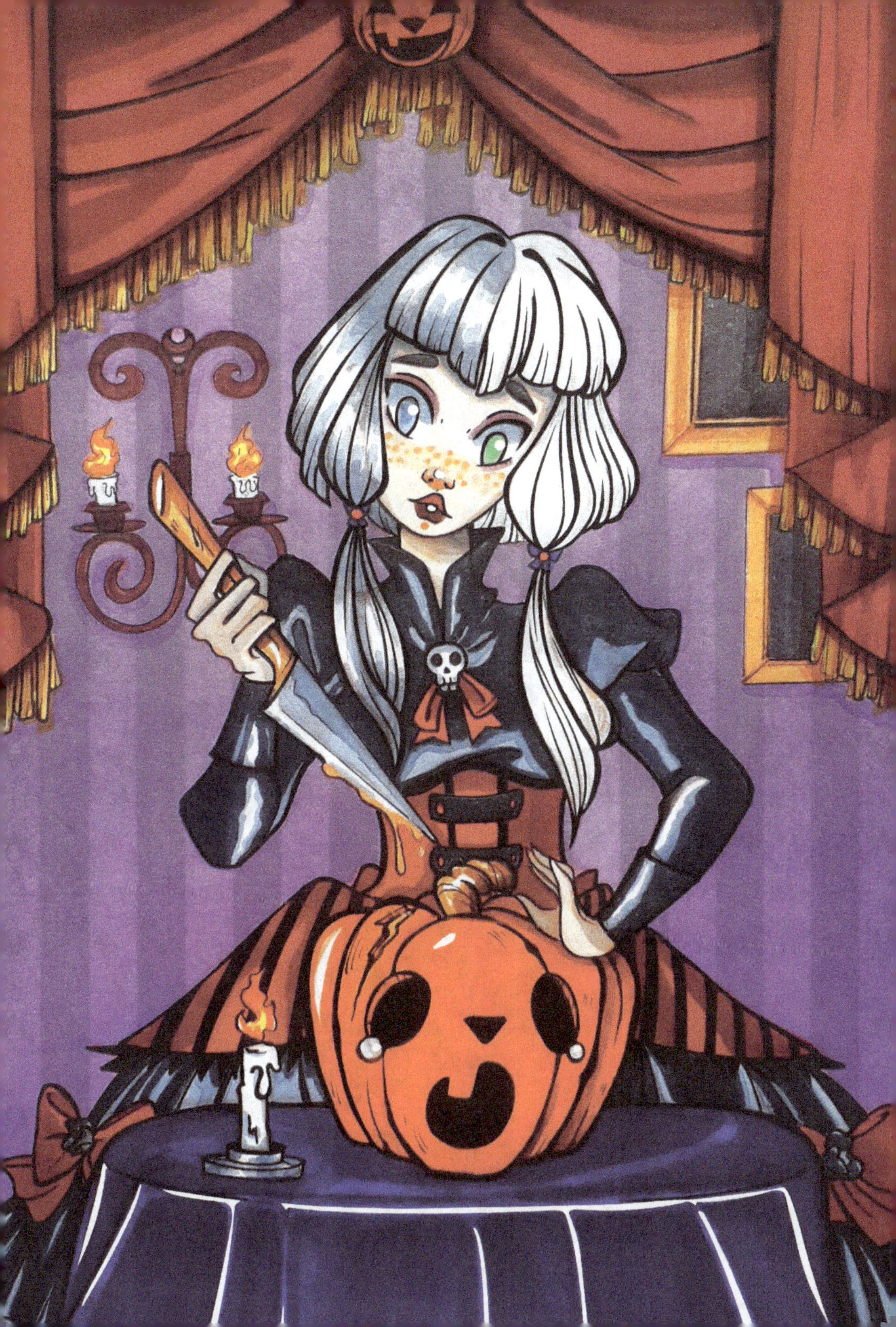

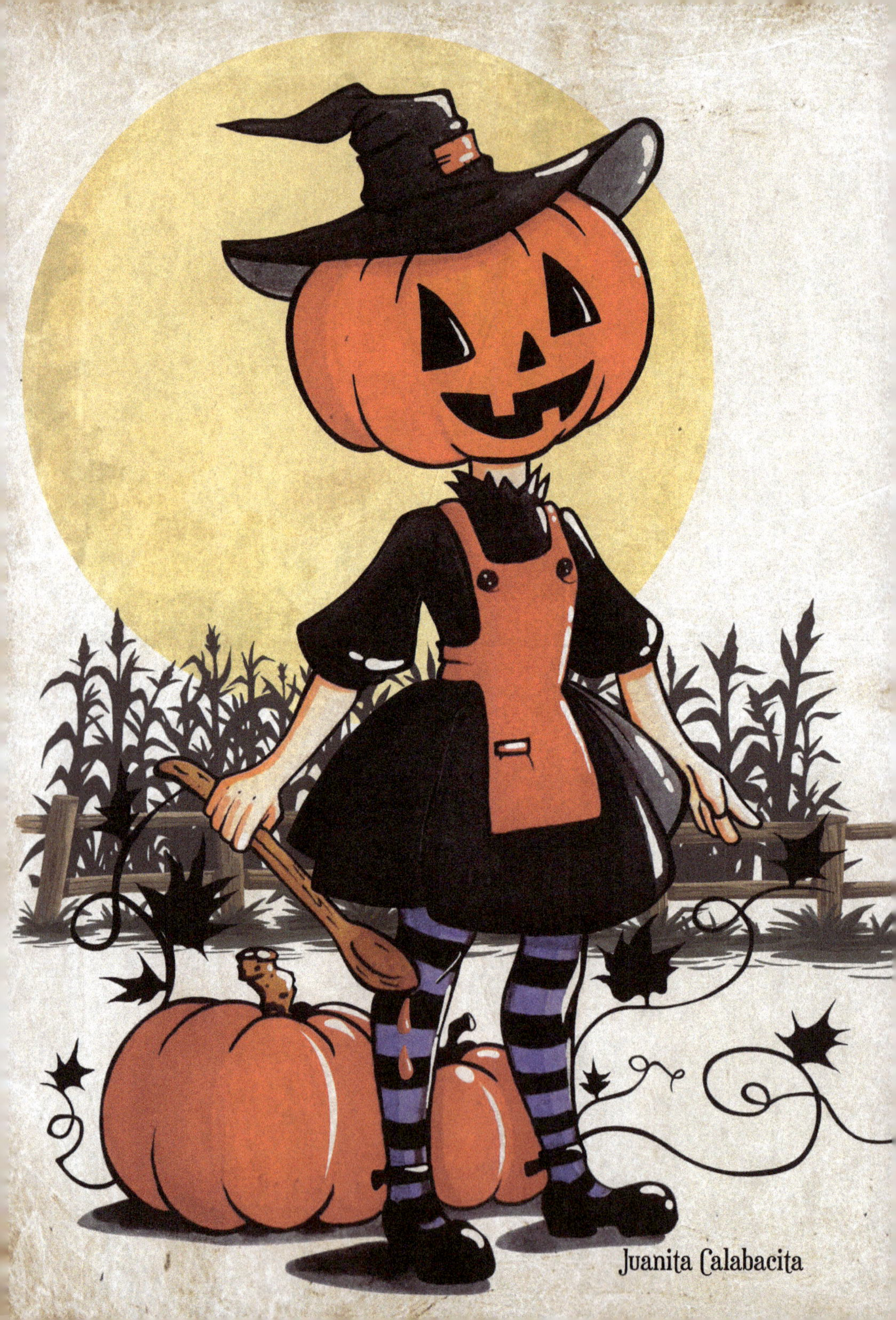
Juanita Calabacita

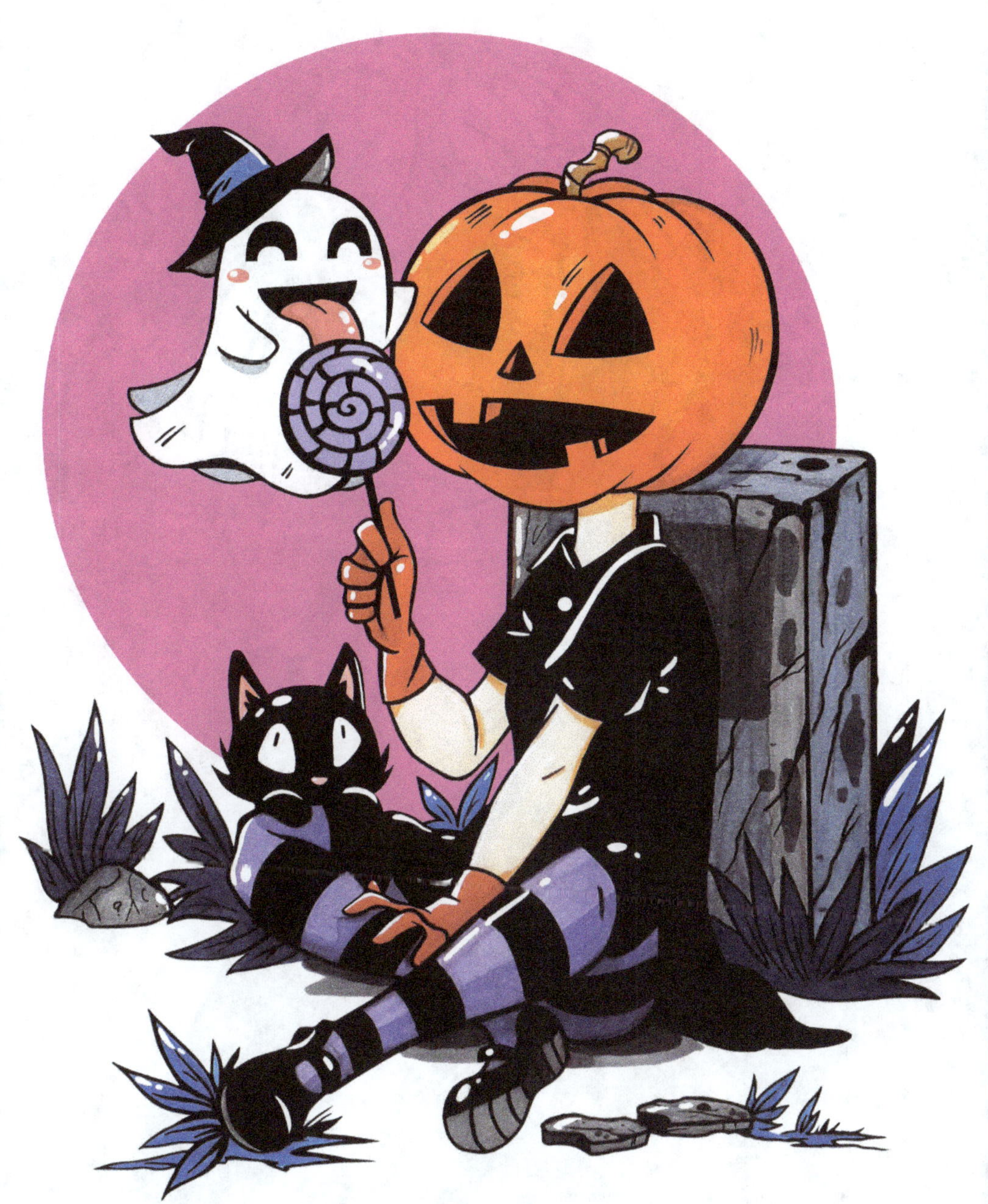

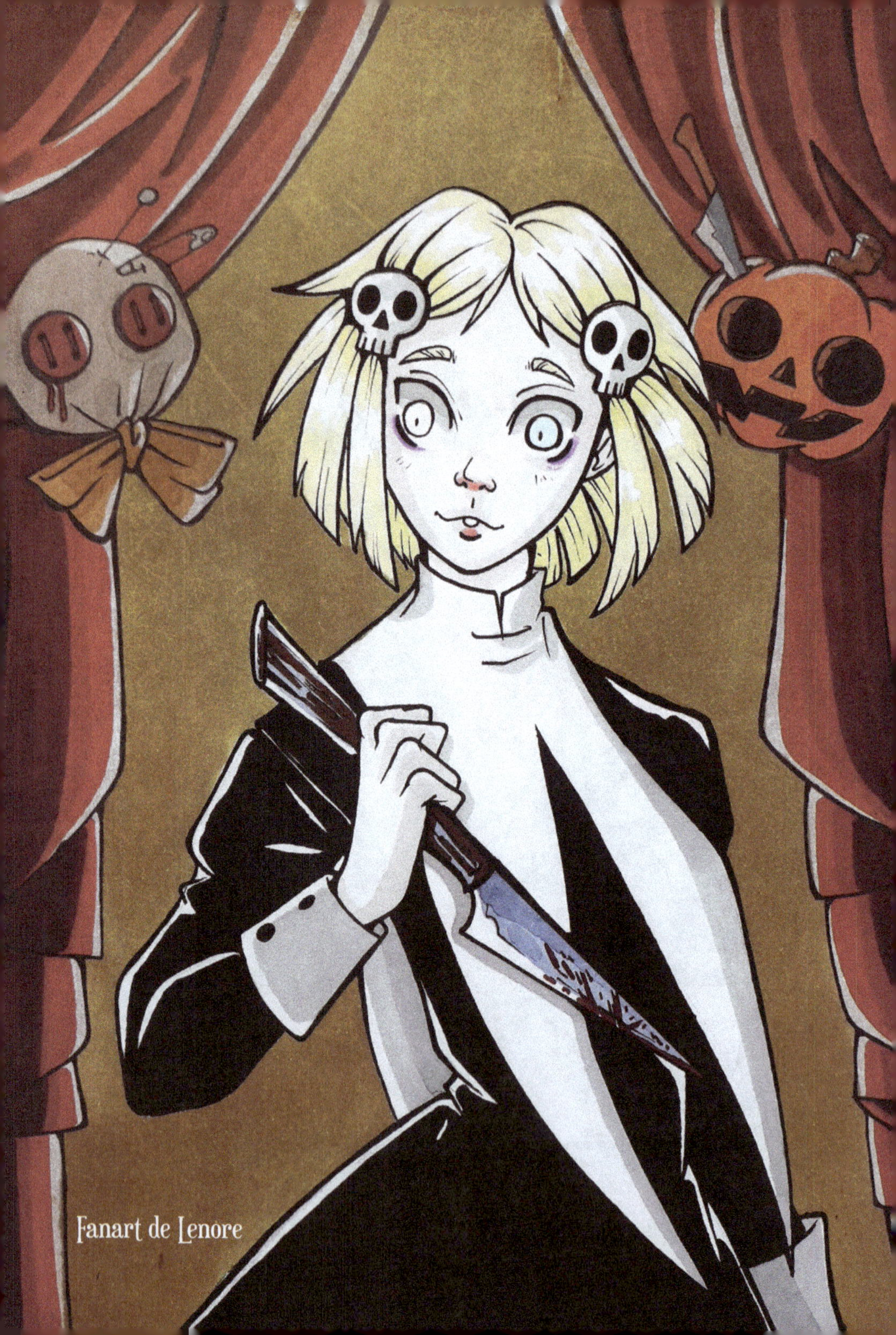
Fanart de Lenore

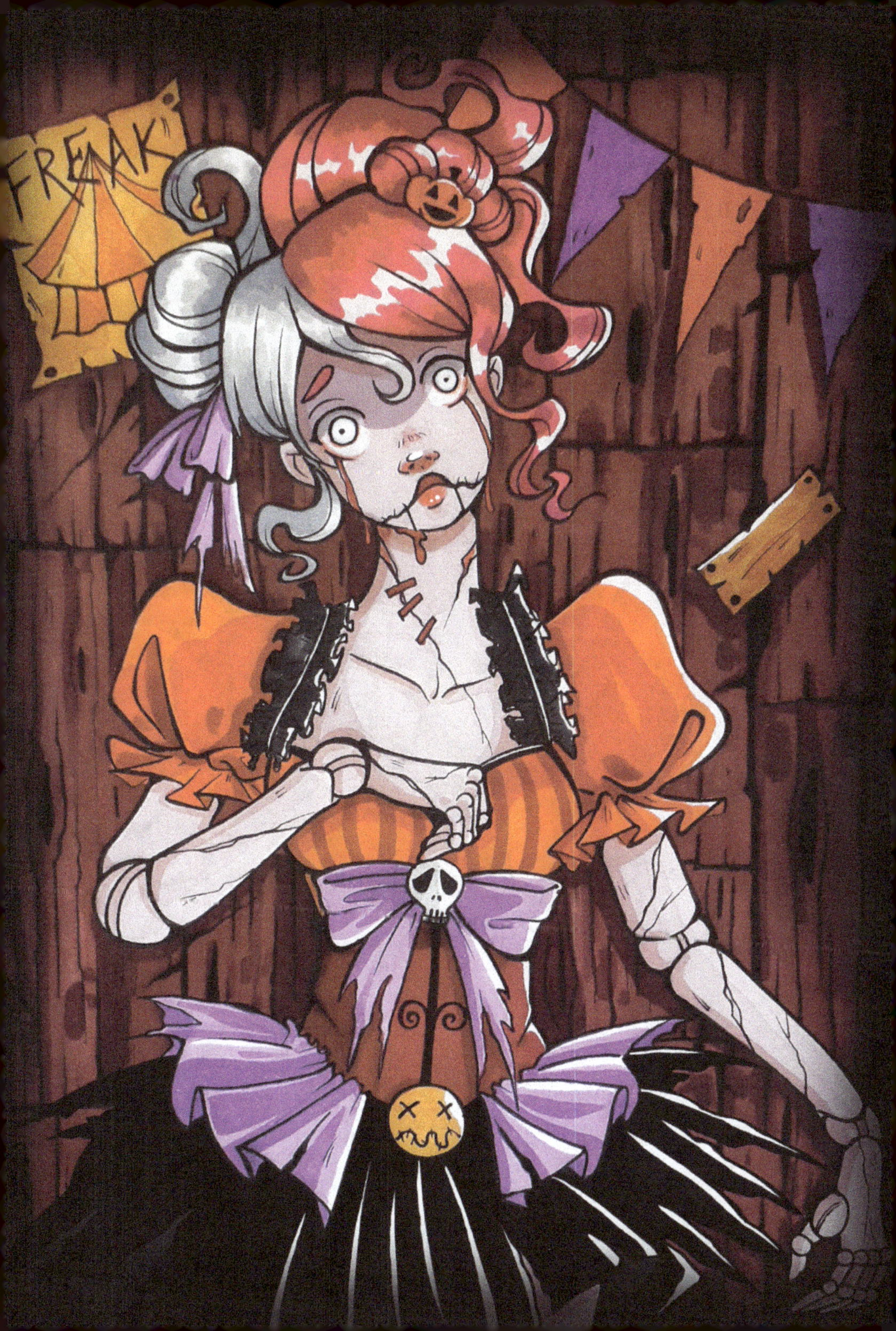

"FREAK"

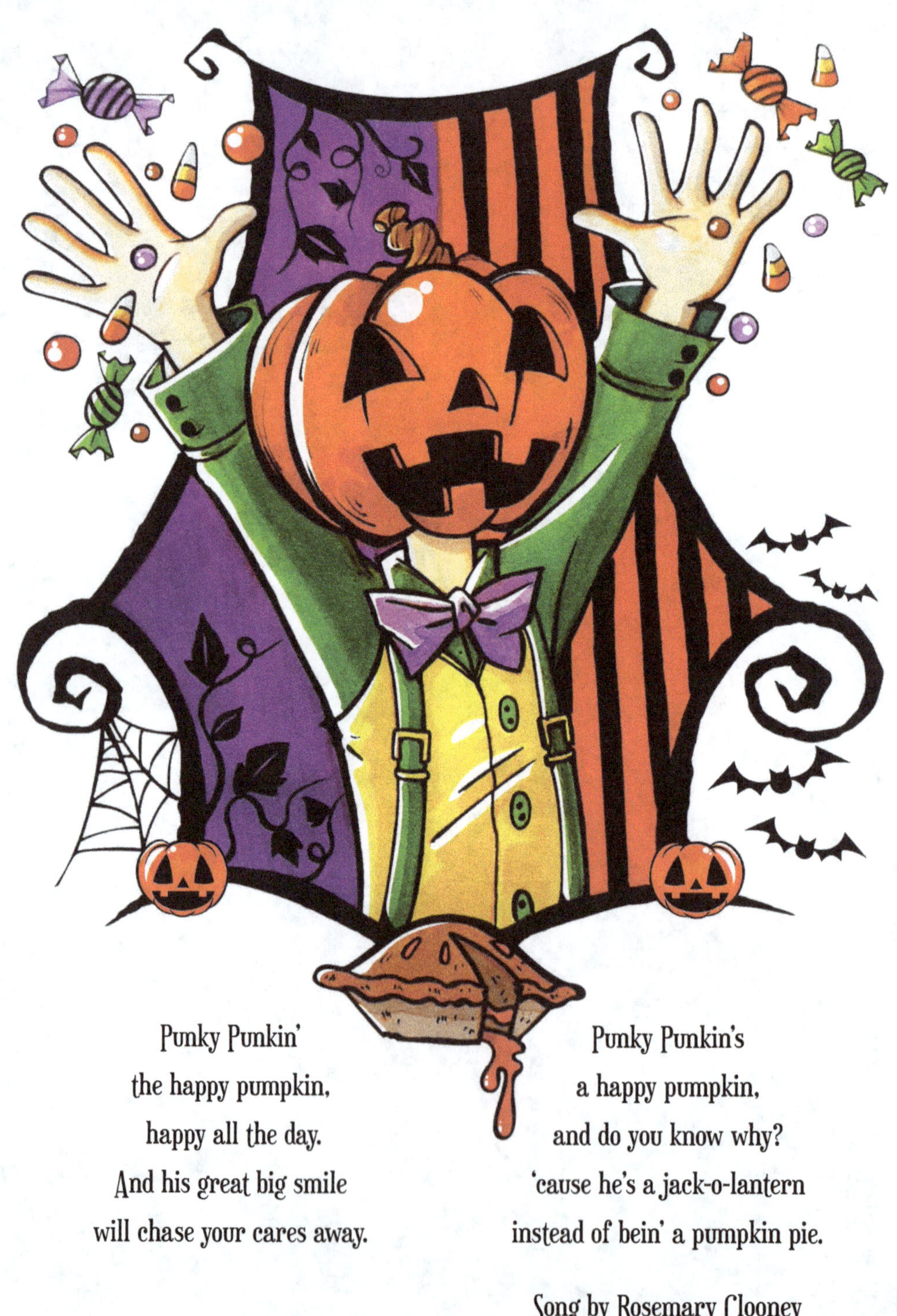

Punky Punkin'
the happy pumpkin,
happy all the day.
And his great big smile
will chase your cares away.

Punky Punkin's
a happy pumpkin,
and do you know why?
'cause he's a jack-o-lantern
instead of bein' a pumpkin pie.

Song by Rosemary Clooney

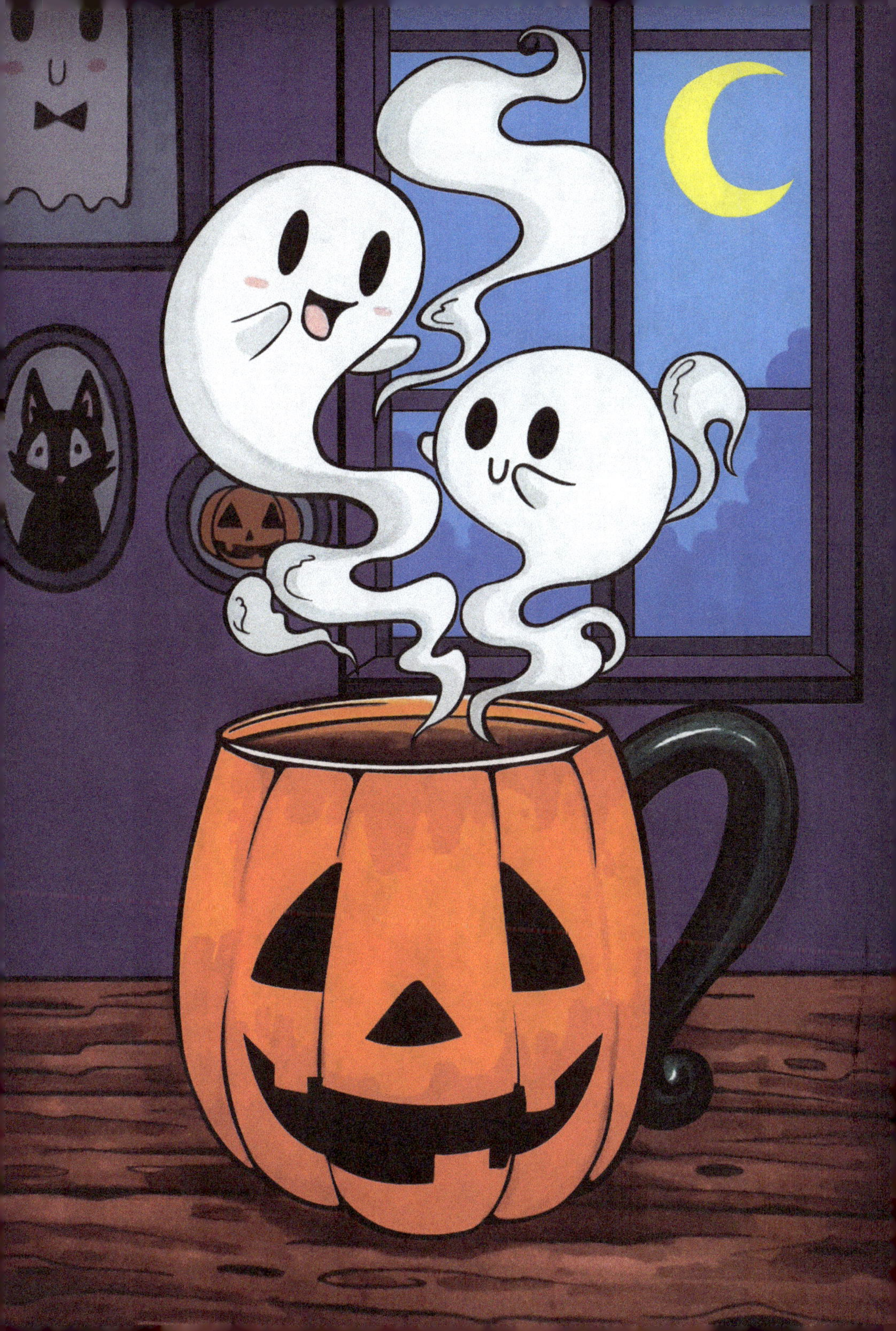

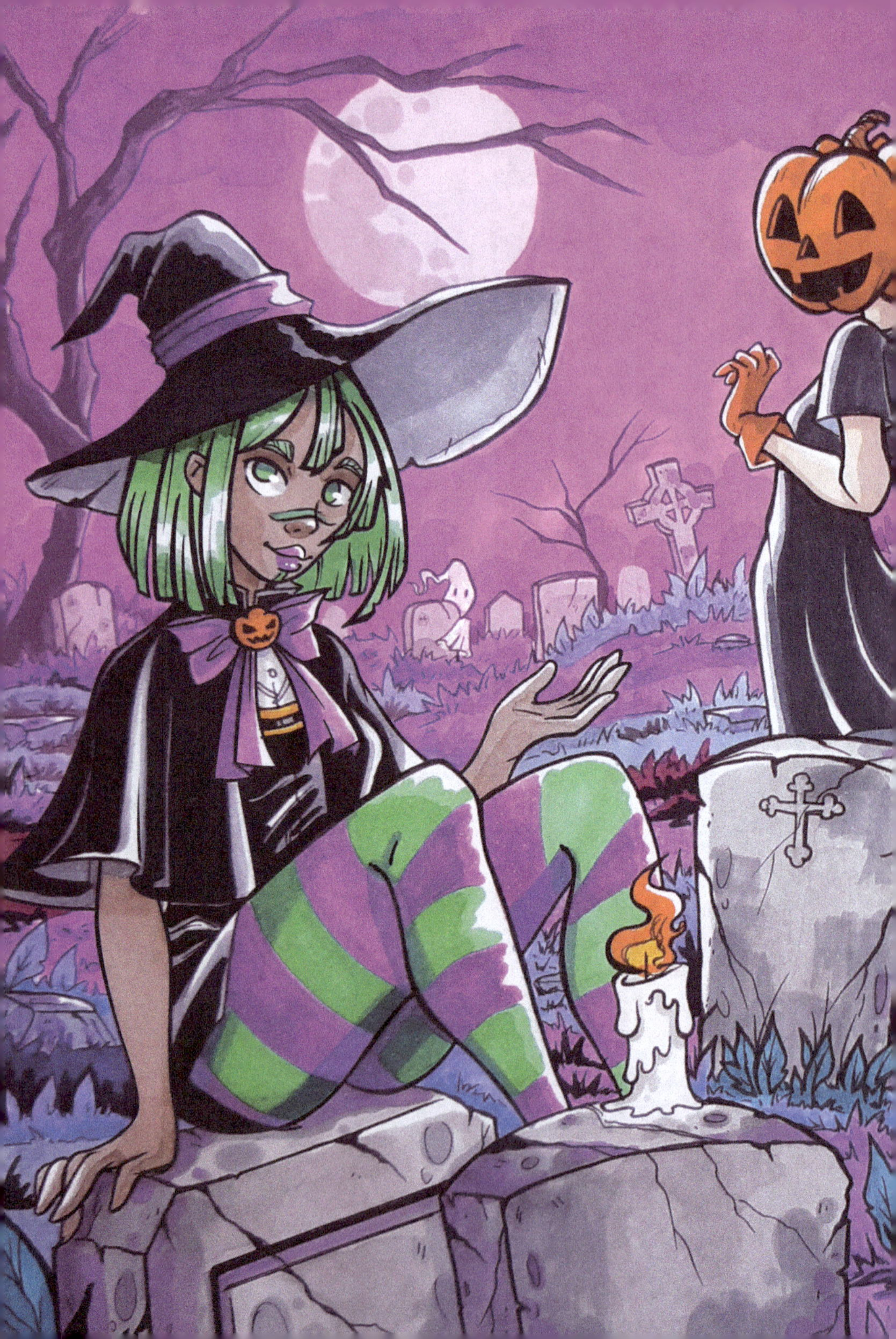

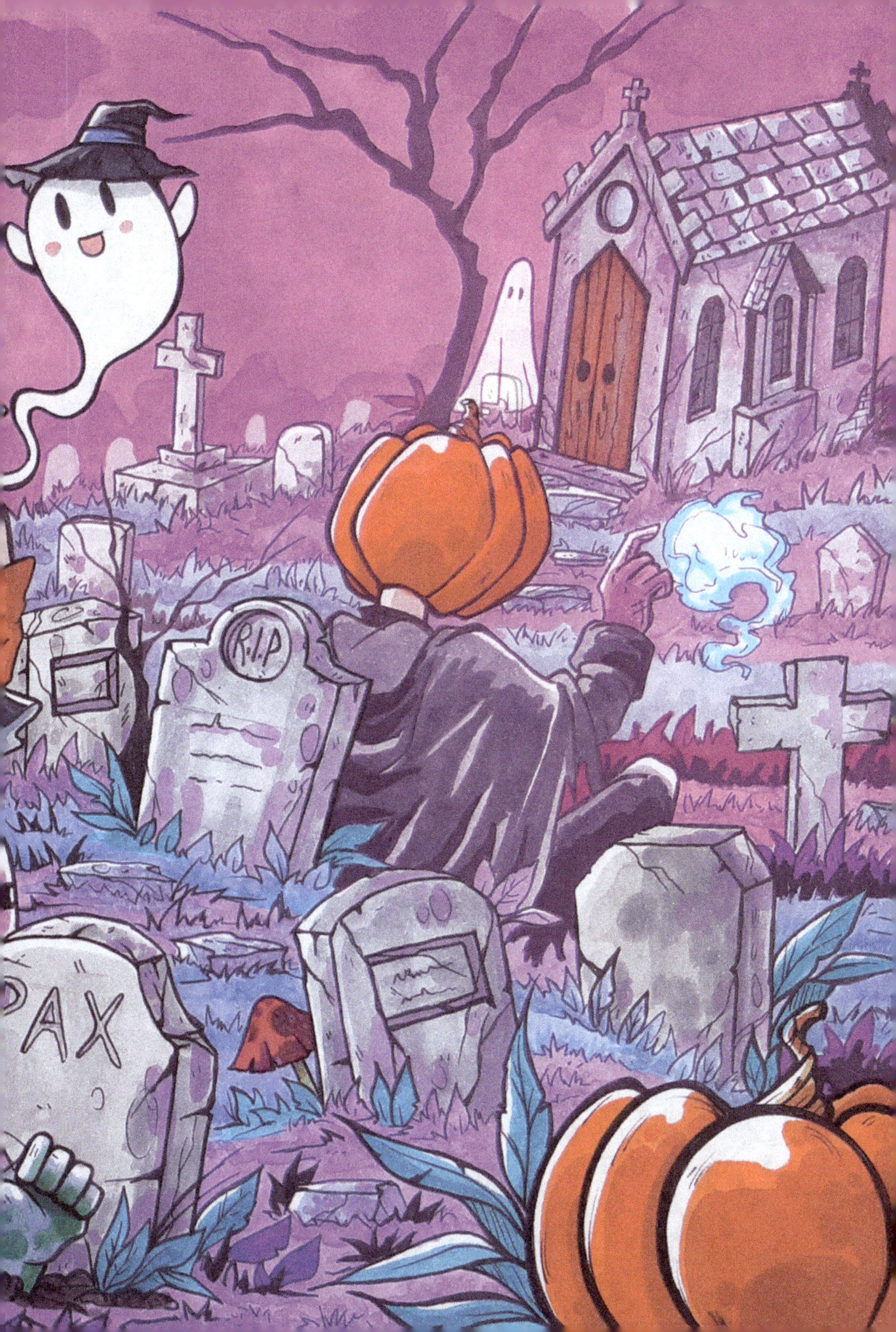

R.I.P
PAX

POR QUÉ UN LIBRO DE
HALLOWEEN

En 1998, una versión pequeña de mí insistió en festejar "Noche de brujas". A falta total de conseguir decoración apropiada en Argentina para tal fiesta, decidí dedicar tardes enteras en dibujar fantasmas, calabazas, brujas, cementerios y vampiros para adornar mi casa.

Más de dos décadas después, mi amor por Halloween no hizo más que crecer! Alimentado por el cine de terror que tanto me gusta y por mi admiración incondicional a Tim Burton y su visión llena "de vida" del más allá.

La idea de este pequeño libro es mostrar un fragmento de mi amor y mi visión de la fantasmagórica fiesta que tanto disfruto. Si lo tienes en tus manos, primero que nada ¡¡muchas gracias!! y espero que te guste.

MaGa

www.ingramcontent.com/pod-product-compliance
Lightning Source LLC
Chambersburg PA
CBHW061648050726
47598CB00004B/1504